Elizabeth C. Prophet
& Mark L. Prophet

Das Reich der Engel

Weisheitslehren der Meister

DAS REICH DER ENGEL

Elizabeth Clare Prophet
und Mark L. Prophet

Aus dem Englischen von Andrea Fischer

SILBERSCHNUR

MIX
Papier aus verantwortungsvollen Quellen
FSC® C014138
FSC
www.fsc.org

Originaltitel: A Sacred Adventure 2: Meeting the Masters, The Angelic Kingdom, Chapter 5, by Elizabeth Clare Prophet and Mark L. Prophet with Summit University Staff.

Summit University Press, 63 Summit Way, Gardiner, Montana 59030 U.S.A.
Tel: +1-406-848-9500 · Fax: +1-406-848-9555
www.SummitUniversityPress.com · E-Mail: Info@SummitUniversityPress.com

ISBN: 987-3-89845-338-7
1. Auflage 2011

Übersetzung: Andrea Fischer
Gestaltung & Satz: XPresentation, Güllesheim
Umschlaggestaltung: XPresentation, Güllesheim; unter Verwendung des Motivs #14772183, www.istockphoto.com
Druck: Finidr, s.r.o. Cesky Tesin

Verlag "Die Silberschnur" GmbH · Steinstraße 1 · 56593 Güllesheim
www.silberschnur.de · E-Mail: info@silberschnur.de

Inhaltsangabe

1.

Die Weisheitslehren der Meister: Engel zu Ihren Diensten

Im spirituellen Reich wartet eine Fülle von Engeln nur darauf, als Antwort auf unsere von Herzen gesprochenen Gebete und Anrufungen auf die Erde zu kommen. Die Engel kündigen wichtige Ereignisse an, retten Seelen und bringen uns Initiationen. Sie dienen in jedem Bereich des Lebens und möchten mehr in die Angelegenheiten aller mit einbezogen werden. Sie wollen uns unbedingt helfen, erleuchten, trösten, inspirieren, heilen und vor Gefahren warnen. Sie sind die verlässlichsten Freunde, die man nur haben kann.

In den vergangenen Jahrzehnten sind Dutzende von Büchern als Zeugnis der Wundertaten der Engel geschrieben worden. Seit den 50er Jahren des letzten Jahrhunderts - noch vor der Zeit, als die Engel sich wachsender Beliebtheit erfreuten – haben die Aufgestiegenen Meister begonnen, in Ergänzung zu dem, was allgemein über diese Himmelswesen bekannt ist, einzigartige Einblicke in das Engelreich zu geben.

Dieses Büchlein gibt einen kurzen Überblick über die Geschichte der Engel in verschiedenen spirituellen Traditionen, beschreibt, wer diese hohen Wesen sind, und erklärt die vielen Dienste, die sie uns, den Söhnen und Töchtern Gottes, erweisen. Es ist auch eine Einführung in die Welt der Erzengel der sieben Strahlen und die der Erzengelinnen, ihrer göttlichen Gegenstücke.

Die Aufgestiegenen Meister haben auch einige unverzichtbare Schlüssel übermittelt, um diese hilfsbereiten Freunde des Lichts um ihre Unterstützung zu bitten. Indem wir ihre vielen praktischen Tipps anwenden, können wir die Engel bewusst in unsere alltäglichen Angelegenheiten integrieren und sie um Hilfe für unsere Familie, unsere Nation und den gesamten Planeten anrufen.

Engel in Ihrem Leben

Da das Engelreich ein fester Bestandteil der kosmischen Struktur ist, können Sie sich sicher sein, dass die Engel Teil Ihres Lebens sind und auch immer waren. Eine gute Möglichkeit, um sich mit dieser Tatsache anzufreunden, sind Ihre ganz persönlichen Engelerfahrungen - flüchtige oder solche, die in die Tiefe gehen, ja auch solche, die nach außen hin oft nicht einmal erkennbar sind.

Selbsteinschätzung: Engel in Ihrem Leben

Eine kurze Bestandsaufnahme kann Ihnen dabei helfen, über Ihre Beziehung mit Engeln nachzudenken. Sich bewusst zu machen, welche Rolle diese bei Ihren Angelegenheiten spielen, kann ebenfalls hilfreich sein, damit Sie Schritte unternehmen können, um effektiver mit ihnen zusammenzuarbeiten. Beantworten Sie einfach die nachstehenden Aussagen mit ja oder nein.

MEINE ERFAHRUNGEN MIT ENGELN		
	ja	nein
1. Ich habe bisher wenig oder gar keine Gedanken auf Engel verwendet.		
2. Ich habe mich danach gesehnt, mit den Engeln zu kommunizieren oder mit ihnen in Kontakt zu kommen.		
3. Ich habe die Gegenwart der Engel schon spüren können, habe sie jedoch noch nicht gesehen.		
4. Ich kenne jemanden bzw. habe von jemandem gehört, der eine Engelbegegnung hatte.		
5. Ich habe Engel bereits persönlich gesehen bzw. hatte schon mindestens eine Engelerfahrung.		

Betrachten Sie nun Ihre Antworten. Hatten Sie bereits Erfahrungen mit Engeln, so mögen Sie erfreut darüber sein zu hören, wie man mit dem Reich der Engel praktisch und effektiv arbeiten kann. Hatten Sie bisher noch keine Erfahrungen, wollten jedoch schon immer eine nähere

Beziehung eingehen mit Engeln, so werden Sie in diesem Buch viele Ideen finden, die Sie in Ihrem Alltag umsetzen können. Haben Sie bisher noch kaum einen Gedanken an Engel verschwendet, dann werden Ihnen die folgenden Seiten vielleicht einen Anstoß geben, darüber nachzudenken, wie Sie mit ihnen Freundschaft schließen und sie in Ihre Welt integrieren können.

Die Existenz der Engel ist eine Tatsache

Wir leben in einer Zeit, in der sich viele Menschen der Engel bewusst sind und an sie glauben. Eine Gallup-Umfrage aus dem Jahr 2001 ergab, dass 79 Prozent aller Amerikaner an Engel glauben. In einer früheren Umfrage gaben 32 Prozent an, die Gegenwart eines Engels gespürt zu haben. Tausende haben das Eingreifen von Engeln in ihrem Leben bezeugt. Im Folgenden geben wir zwei denkwürdige Geschichten von Engelerscheinungen wieder, die uns zugetragen wurden. Eine davon fand im Weltraum statt, die andere auf der Erde, genauer: am Krankenbett einer Frau.

Engel im Weltraum

1985 umfing am Morgen des 155. Tages der russischen Mission im Weltraum ein gleißendes Licht die Raumstation. Das Licht war so grell und blendend, dass die Kosmonauten befürchteten, dass es zu einer Explosion gekommen sein könnte. Als sie aus dem Fenster schauten, sahen sie sieben riesige Wesen, die über 100 Meter groß waren. Sie zeigten sich in menschlicher Gestalt, hatten jedoch Flügel mit einer Spannweite von der Größe eines Düsenjets. Über ihrem Kopf hatten sie Halos, die in Gold erstrahlten. Der erstaunte Kommandeur sandte folgenden Bericht zur Basisstation: "Sie sehen aus wie das, was wir auf der Erde ... 'Engel' nennen." Zehn Minuten später verschwanden die Engel so schnell, wie sie gekommen waren.

Zwölf Tage später kamen andere sowjetische Kosmonauten im Rahmen einer geplanten Mission auf die Raumstation. Sie waren noch keine Stunde an Bord, da wurde die Station erneut von gleißendem Licht umhüllt, das zeitweise alle sechs Besatzungsmitglieder blendete. Als die Männer hinaus in den Weltraum schauten, sahen sie alle majestätische Engel - die ihnen zulächelten.

Nicht alle Engelbesuche sind so fantastisch und außergewöhnlich. Viele von ihnen finden selbstverständlich auf der Erde statt, besonders in für die Betroffenen schwierigen Situationen, wie die nächste Geschichte zeigt.

Eine irdische Engelbegegnung

In Sophy Burnhams Buch *Angel Letters* (Engelbriefe) erzählt Jaquelin Gorman die Geschichte ihrer Mutter, die einen Krebstumor im Bauchraum hatte. Man gab ihr noch 24 Stunden zu leben, und ihr stand allem Anschein nach ein qualvoller Tod bevor. Jaquelin holte sie aus der Klinik nach Hause, so dass sie im Kreis ihrer Familienangehörigen, die sie sehr liebten, sterben konnte.

In dieser Nacht sah Jaquelins Mutter vier Engel, die ihre Bettdecke einige Zentimeter über dem Bauch anhoben. Sie sah sogar, wie ihr Hund einen der Engel beiseiteschob, so dass er an seinem Lieblingsplatz schlafen konnte. Der Effekt am nächsten Morgen war erstaunlich – ihr Bauch war vollkommen flach. Sie sagte, dass die Engel ihr erklärt hätten, dass Gott ihre Zeit bestimmt habe, dass sie jedoch die Stunde selbst wählen dürfe. In den nächsten sechs Wochen brachte sie viele Angelegenheiten mit Familienmitgliedern und Freunden liebevoll zum Abschluss. Während ihrer Todesstunde hielt sie im Schlaf die Hand ihres Mannes. Jaquelin ist sich sicher, dass die gleichen Engel wiedergekommen waren, um ihre Mutter abzuholen.[1]

Wie diese beiden Geschichten zeigen, sind Engel spirituelle Wesen, die mit den Menschen im Hier und Jetzt - und nicht nur vor langer Zeit - kommunizieren und zusammenwirken. Diese Begegnungen können die verschiedensten Formen annehmen - vom stillen Segen bis hin zur tatkräftigen Unterstützung in Alltagsangelegenheiten. Sie können sich sogar in Form von göttlichen Enthüllungen zeigen.

Verkündigungen der Engel in jüngster Zeit

Neben vielen persönlichen Erfahrungen mit Engeln haben Mark und Elizabeth Prophet seit den 60er Jahren des 20. Jahrhunderts von den Engelscharen Tausende von Diktaten erhalten. Diese erhellenden Botschaften stammen von den Erzengeln, die in verschiedensten Schriften erwähnt werden, unter anderem Erzengel Michael, Gabriel und Raphael. Mit ihren Enthüllungen übermitteln sie uns eine Fülle an Informationen und Wissen über diese großen Lichtwesen und das Reich der Engel. Ein Teil davon ist in dem Werk *A Sacred Adventure* (Ein heiliges Abenteuer) enthalten.

Engelspuren in religiösen Traditionen

Die Engel haben in vielen Religionen und Kulturen dieser Welt eine Schlüsselrolle als Botschafter, Helfer, Begleiter, Lehrer und Heiler gespielt. Geflügelte Wesen tauchen in alten sumerischen Schnitzarbeiten, auf ägyptischen Grabmälern und in assyrischen Reliefs ebenso auf wie in der buddhistischen Kunst von Tibet und Indien. Die Engel werden auch in den östlichen religiösen Traditionen erwähnt, beispielsweise im Hinduismus und bei den Zarathustriern. Im jüdischen, christlichen und muslimischen Glauben ist die Existenz der Engel ebenfalls anerkannt.

Gemäß dem Islam diktierte Erzengel Gabriel dem Propheten Mohammed den Koran. Die Moslems glauben, dass die Engel in ihren Moscheen anwesend sind, um die Gebete aufzuzeichnen, die sie sprechen. Der Islam lehrt auch, dass jeder Seele vier Engel zugeteilt sind. (Auf die Lehre der Aufgestiegenen Meister umgemünzt, kann dies so verstanden werden, dass diese Engel jeweils einem der vier niederen Körper unterstützend beiseite-

Zeichnung von Gabriel und Mohammed
aus "Prayer und Meditation"

stehen.) Die "Amesha Spentas" aus der Lehre des Zarathustra sind vergleichbar mit den jüdisch-christlichen Engeln.

In der jüdisch-christlichen Lehre tauchen die Engel oft auf, dort spielen sie eine markante Rolle. Allein im Alten und Neuen Testament taucht das Wort "Engel" im Singular und im Plural insgesamt 294 Mal auf. Hier einige Beispiele für die vielen Möglichkeiten, wie Engel bedeutenden biblischen Figuren ihre Dienste zur Verfügung stellten:

- Ein Engel hielt Abraham davon ab, seinen Sohn Isaak zu opfern.
- Jakob kämpfte mit einem Engel und gab nicht nach, bis der Engel sich bereiterklärte, ihn zu segnen.
- Ein Engel half Moses, das Volk Israel ins Gelobte Land zu führen.
- Ein Engel beschützte Daniel in der Löwengrube.
- Ein Engel lud das Wasser in Bethesda mit dem heilenden Licht seiner Aura auf.
- Erzengel Gabriel verkündete Maria, dass sie Jesus gebären würde, und ihrer Cousine Elisabeth, dass sie Johannes den Täufer zur Welt bringen würde.

- Ein Engel warnte Josef in einer Vision und befahl ihm, mit Jesus und Maria nach Ägypten zu fliehen.
- Ein Engel verkündete Jesu Auferstehung.

Manchmal haben die Engel buchstäblich am Rad der Geschichte gedreht. Im 15. Jahrhundert beispielsweise inspirierte Erzengel Michael das Bauernmädchen Jeanne d'Arc dazu, die französische Armee gegen die einfallenden Engländer anzuführen. Jeanne begann bereits im Alter von 12 Jahren, die Stimme von Erzengel Michael zu hören. Indem sie seinen Anweisungen über Jahre hinweg konsequent folgte, gelang es ihr schließlich, Frankreich in Orléans zu einem Sieg über die britischen Truppen zu führen.

Die neun Chöre der Engel und mehr

Im 7. Jahrhundert schrieb ein Schriftsteller unter dem Pseudonym "Dionysos" die erste systematische Theorie der Engelhierarchie der jüdisch-christlichen Tradition. Er teilte die Engel gemäß der Dienste, die sie verrichten, in drei Ordnungen und neun Chöre ein.

Die erste Ordnung besteht aus Engeln, die in Gottes unmittelbarer Gegenwart tätig sind. Zu diesen gehören die Chöre der Seraphim, der Cherubim und der Throne.

- Die Seraphim entflammen das Herz mit der Glut der himmlischen Liebe.
- Die Cherubim erleuchten den Geist mit himmlischer Weisheit.
- Die Throne bestärken uns bei der Durchführung des Guten, das wir begonnen haben.

Zur zweiten Ordnung gehören die Chöre der Mächte, der Fürstentümer und der Heerscharen, die gegen alles kämpfen, was nicht Licht ist.

- Die Mächte treiben den Todesfeind weit von uns weg.
- Die Fürstentümer lenken unser Leben, indem sie uns helfen, unseren göttlichen Plan zu erfüllen.

- Die Heerscharen verleihen uns die Kraft, unsere ungezügelten Leidenschaften zu kontrollieren.

Die dritte Ordnung besteht aus den Schutzengeln, den Erzengeln und den Tugenden. Diese Engel werden speziell als diejenigen beschrieben, die sich für die Pflege der Schöpfung Gottes einsetzen – und dazu zählen unserem Verständnis nach auch die Söhne und Töchter Gottes.

- Die Namen der Schutzengel geben jeweils Auskunft über deren Aufgabe. (Sie werden anschließend in diesem Kapitel besprochen.)
- Die Erzengel sind unsere Lehrmeister des göttlichen Gesetzes.
- Die Tugenden kümmern sich um unsere körperliche und spirituelle Gesundheit.

Dionysos' Kategorien waren in dem Rahmen, den sie abdeckten, durchaus hilfreich. Im 20. Jahrhundert haben die Lehren der Aufgestiegenen Meister aber weitere Enthüllungen über die Engel gebracht, unter anderem den Plan und die Erklärung für ihren Dienst auf den sieben Strahlen. Die Seraphim dienen beispielsweise auf dem weißen, die Cherubim auf dem rosa Strahl und auf jedem der Strahlen dient zusätzlich ein Erzengel.

In Wirklichkeit gibt es Myriaden von Engeln, die mit so ziemlich jeder nur vorstellbaren Fähigkeit dienen. Es gibt Siegesengel, Weihnachtsengel, Engel der Eucharistie, Hochzeitsengel und Engel, die jeweils einen der Aufgestiegenen Meister begleiten. Es gibt Engel, die uns helfen können, Parkplätze zu finden, Prüfungen zu bestehen, Beziehungen zu kitten, Ölkatastrophen zu beseitigen und Kriege zu beenden. Manche Arten von Engeln sind bei jeder Geburt zugegen, andere bei jedem Tod, wieder andere zeichnen alle Ereignisse im Leben jedes einzelnen Menschen auf. Engel kümmern sich um die Pflege und Gesundheit des Körpers, und sie überwachen die Empfängnis und die Entwicklung des Babys im Mutterleib. Eine Vielzahl von Engeln steht uns zur Verfügung, um uns bei nahezu jedem Aspekt unseres Daseins zu helfen.

Bei all diesen Engeln, die sich in Raum und Zeit bewegen, ist es nur zu unserem Vorteil, wenn wir mehr über sie erfahren sowie darüber, wie man mit ihnen arbeitet.

"Als Botschafter Gottes kommen die Engelscharen, die mächtigen Erzengel, die Cherubim und die Seraphim, auf Schwingen des heiligen Feuers herab. Dabei tragen sie die Regenbogenfarben der Freude, der Schönheit und des Vergnügens. Als Strahlenkranz des Morgenlichts verkünden sie die Ankunft Christi in jedem Menschen. Ihre Liebe und unfehlbare Führung ist ein Fanfarenruf, der das niedere Selbst und das Höhere Selbst in Einigkeit und Zielgerichtetheit, Planung und Handlung zusammenführt. Ihre Liebe ist ein Freundschaftsbalsam, eine Heilsalbe und das Öl der himmlischen Inspiration. Ihre Liebe ist ein göttlicher Magnet, der die Sterne auf ihren festgelegten Bahnen, jede Monade auf dem ihr angestammten Platz und die Atome unserer Wesen geneigt hält, den himmlischen Willen auszuführen. Ihre Liebe ist ein heiliger Klang, die

Musik der Sphären, der Geist, der die Natur und all die schönen Dinge beseelt."[2]

Mark und Elizabeth Prophet

Das Wesen der Engel

Wer sind die Engel? Warum wurden sie geschaffen? Was ist ihr Wesen? Wie sehen sie aus? Wie arbeiten sie? Antworten auf diese Fragen können uns helfen, unsere Beziehung zu den Bewohnern des Engelreichs zu klären.

Botschafter des Lichts

Das Wort "Engel" stammt vom griechischen Wort *angelos* und dem lateinischen Wort *angelus*. Beide bedeuten "Botschafter". Engel sind Botschafter des Lichts, die Gott erschaffen hat, um den Seelen auf Erden als Führer, Wächter und Freunde zu dienen.

Die Engel (im Englischen: *angels*) verstärken die verschiedenen Winkel (im Englischen: *angles*) von Gottes Bewusstsein, die Qualitäten und Tugenden des Geistes mit ihren vielen unterschiedlichen Facetten. Jede göttliche Eigenschaft wird durch einen besonderen kosmischen Lichtstrahl übermittelt, den die Engel den Menschen auf Erden weitergeben und dem sie in spezifische Situationen projizieren können. Die Engel verkörpern die Frequenzen des göttlichen Geistes und sorgen dafür, dass die Schwingungen des Vater-Mutter-Gottes für diejenigen, die auf der physischen Ebene weilen, leicht zugänglich sind. Sie dienen als "Abwärtstransformatoren", um den Menschen spirituelles Licht, Energie und Bewusstsein in einer Menge zukommen zu lassen, die sie auch aufnehmen können. Wie ein Sonnenstrahl das Licht der Sonne aus der zentralen Quelle transportiert, so tragen auch die Engel das Licht Gottes in die gesamte Schöpfung hinaus. Die Engel, die den Menschen am vertrautesten sind, sind die Engel, die auf einem der sieben Hauptstrahlen des spirituellen Lichts dienen.

Da Gott die Engel aus seinem eigenen Feuerwesen heraus geschaffen hat, sind sie die "Verlängerung" seiner lebendigen Gegenwart und verkörpern seine Gnade, Majestät und Macht. Während der Geist keine Form besitzt, sind die Engel die Essenz des Schöpfers in Gestalt, und sie schwingen in spirituellen Frequenzen, die normalerweise unsichtbar sind. Die Göttlichkeit kann den Menschen über diese Botschafterengel beiwohnen. In der Tat ist man in einigen Traditionen der Meinung, dass der Mensch seine Beziehung zu Gott über seine Beziehung zu den Engeln erfährt.

Die Engel vertreten den Aspekt des Heiligen Geistes oder der Liebe des Vater-Mutter-Gottes, der die gesamte Schöpfung nährt. Die Engel haben ungeheure Emotionalkörper. Sie sind Ausdruck von Gottes Wunsch, andere an sich teilhaben zu lassen, indem sie göttliche Gefühle verstärken. Sie können in den Engeln viele Tugenden erkennen, unter anderem Glaube, Hoffnung, Nächstenliebe, Ehre, Reinheit, Unbescholtenheit, Mut, Wahrheit, Heilung, Weisheit, Dienstbereitschaft und Freiheit.

Die Engel werden vom Schöpfer aufgeladen, um die Menschen und die Umwelt mit diesen intensiven, positiven Gefühlen und Schwingungen zu beeinflussen. Ihre Natur macht es ihnen also möglich, die Materie und den Geist mit den konstruktiven Qualitäten des Bewusstseins Gottes zu durchdringen. Derart tiefgreifende Veränderungen können in der Tat Körper und Seele eines Menschen verwandeln. Die Engel bewirken solche Verwandlungen, indem sie Bewegungen auf der molekularen Ebene anstoßen, die die Materie verändern können, sowie Bewegungen in den Neuronen des Gehirns und des Nervensystems, die wiederum den Geist verändern können. Die daraus resultierenden Veränderungen werden oft als "Wunder" bezeichnet.

Feuriger Pendelverkehr von und zur Großen Zentralsonne

Engel können sich durch die Galaxien und das gesamte Universum bewegen. Diese kraftvollen Diener des Feuerlichts reisen von der Großen Zentralsonne, dem Zentrum unseres Kosmos, herab auf unseren Planeten und bringen das Licht, das sie gespeichert haben, auf die Erde.

Man kann es sich so vorstellen, dass die Engel immer wieder vom Altar Gottes kommen und an ihn zurückkehren und dabei buchstäblich eine Portion kosmischer Energie aus der Großen Zen-

tralsonne mitbringen. Sie schenken uns eine Portion aus der Feuerschale Gottes, die wir aufnehmen und jederzeit nutzen können. Sie erfüllen unsere Aura mit ihrem Licht, wenn sie uns dienen. Dabei bringen sie uns Trost angesichts des Kummers, Liebe anstelle von Angst, die Wahrheit, wenn Verwirrung oder Chaos herrschen, und Gnade und Vergebung, wo Hass regiert.

"Denn er hat seinen Engeln befohlen über dir, dass sie dich behüten auf allen deinen Wegen, dass sie dich auf den Händen tragen und du deinen Fuß nicht an einen Stein stoßest."

Psalm 91, 11-12

Jeder Engel, der an der Tür unseres Bewusstseins anklopft, bringt ein persönliches Geschenk vom Vater-Mutter-Gott. Wenn wir unsere Herzen öffnen und für das Licht empfänglich sind, werden wir mit der heiligen Essenz des Göttlichen befeuert.

Herrschen auf der Erde schwere Zeiten, so dienen die Engel und Erzengel der Menschheit unablässig mit ihrer gewaltigen Einstrahlung von Licht und Energie. Die Engel dienen in der Tat so ununterbrochen, dass sie davon sogar müde werden, und manche von ihnen kehren zurück zur Großen Zentralsonne, um wieder aufgeladen zu werden, bevor sie erneut losziehen. Andere Engel suchen spirituelle Rückzugsorte auf, die tief in den höchsten Gebirgen der Erde liegen, um sich auszuruhen, zu entspannen und neu aufzuladen. Sie verweilen dort einige Stunden, einen halben oder auch einen ganzen Tag. Doch ihre Hingabe treibt sie voran und bringt sie dazu, schnell wieder den Dienst anzutreten.

Gottes Geschenke an seine Kinder

Die Engel sind Geschenke der Liebe Gottes an seine Söhne und Töchter. Gott erschuf die Engel, bevor er uns erschuf, denn er wusste, dass wir himmlische Helfer brauchen würden. Betet jemand in schwierigen Zeiten zu Gott, so werden seine Gebete, ob er nun um die Engel weiß oder nicht, von Engelscharen beantwortet, die ihm umgehend zur Seite eilen. Die Engel bieten Gottes Kindern enorme Kraft und immensen Schutz, indem sie ihnen direkten Zugang zum Schöpfer gewähren. Natürlich stehen wir über unser Höheres Selbst in ständigem direktem Kontakt mit dem göttlichen Bewusstsein. Doch als "verlängerter

Arm" des Bewusstseins Gottes sind die Engel spirituelle Helfer, die für uns auf eine Art und Weise arbeiten, wie wir selbst es nicht können.

Den Söhnen und Töchtern Gottes wurde die Herrschaft über das Reich der Erde erhalten. Diese Herrschaft üben wir über unseren freien Willen aus. Aufgrund des Gesetzes des freien Willens können die Engel jedoch nur in unsere Welt eingreifen, wenn wir sie darum bitten. In großer Liebe warten die Engel förmlich darauf, angerufen zu werden, um für alle Seelen des Lichts in Aktion zu treten. Hilfe zu leisten erfüllt sie mit großer Freude. In der Tat ist dies ihr Lebenszweck.

"Sind sie nicht allzumal
dienstbare Geister,
ausgesandt zum Dienst um
derer willen, die erben
sollen die Seligkeit?"

Hebräer 1, 14

Wie sehen Engel aus?

Engel haben eine Form, doch diese ist spiritueller Natur. Es hat den Anschein, als hätten sie Flügel, denn das Licht scheint in Strahlen oder Wellen aus ihrem Wesen und erweckt den Anschein, es seien Federn. Die Flügel symbolisieren die flinke Bewegungsweise der Engel durch den Kosmos. Das

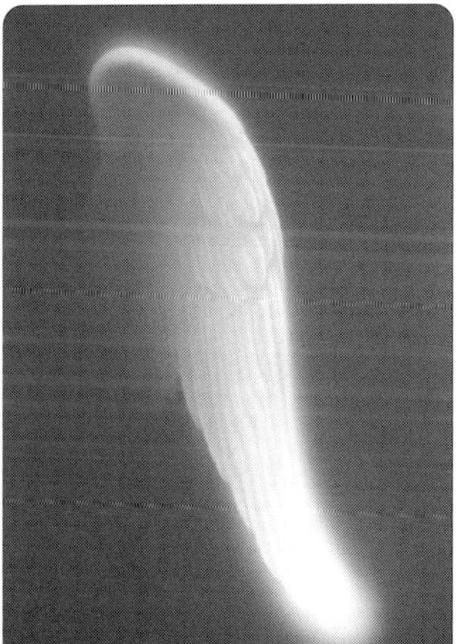

Bild eines Engelsflügels aus dem Heart-Magazine

Flügelpaar der Engel symbolisiert auch die Schönheit und Ganzheit von Alpha und Omega, vom Vater-Mutter-Gott.

Manchmal erscheinen Engel in all ihrer Majestät, wobei immenses Licht durch ihre Gestalt leuchtet. Dies kann so Ehrfurcht einflößend sein, dass es denjenigen, welchen sie erscheinen, Angst macht. Solche Erscheinungen werden an vielen Stellen in der Bibel widergegeben, wobei die Engel ihren Besuch mit den Worten ankündigen: “Fürchte dich nicht!”

Ein andermal erscheinen die Engel in Menschengestalt und sehen genauso aus wie wir. Sie können nach Belieben jede Art von Körper annehmen - groß oder klein, männlich oder weiblich, kindlich oder weise und kraftvoll. Wenn die Engel sich physisch manifestieren, tragen sie oft ganz normale Alltagskleidung. So sehen die Engel in der beliebten Fernsehserie *Touched by an Angel* (Ein Hauch von Himmel) aus.

Ob Engel nun in körperlicher Form erscheinen oder nicht - viele Menschen hatten bereits Kontakt mit ihnen, indem sie ihre Gegenwart intuitiv, über ein Gefühl, einen plötzlichen Impuls oder eine innere Stimme wahrnahmen. Ein Mensch, der für den göttlichen Geist ziemlich offen oder von Andacht erfüllt ist, kann unter Umständen Kontakt zu den Engeln aufnehmen. Dieser Kontakt kann sich auch im Verlauf einer Meditation oder in einer Phase tiefer Trauer einstellen, während man ein besonders bewegendes Musikstück hört oder sich auf einer inneren Erfahrungsreise befindet.

Verkörperte Engel

In Hebräer 13, 2 heißt es: “Gastfrei zu sein vergesset nicht; denn dadurch haben etliche ohne ihr Wissen Engel beherbergt.” Diese Worte beziehen sich auf die Tatsache, dass manche Menschen, die sich auf der Erde weiterentwickeln, in Wirklichkeit inkarnierte Engel sind.

Während unzählige Engel in der himmlischen Welt dienen, sind auch einige Engel auf Erden inkarniert, weil sie der Meinung waren, sie könnten mit einem menschlichen Körper effektiver arbeiten. Maria, die Mutter von Jesus Christus, war eine von ihnen. Sie ist das göttliche Gegenstück zu Erzengel Raphael und stieg für ihre Mission, Jesus als Avatar des Fischezeitalters zur Welt zu bringen und großzuziehen, auf die Erde herab. Sie hatte vorher bereits andere Inkarnationen gehabt, um sich auf den erfolgreichen Verlauf dieser Mission vorzubereiten. Viele weitere Engel sind ebenfalls unter uns inkarniert, darunter Mark und Elizabeth Prophet. In Wirklichkeit sind zahlreiche bedeutende historische Persönlichkeiten aus dem Engelreich herabgekommen; inkarnierte Engel sind unter uns weitaus häufiger anzutreffen, als man gemeinhin erwarten würde. Hier folgt der Bericht über einen dieser Engel von einem engagierten Schüler der Aufgestiegenen Meister:

> "Ich bin eine 53 Jahre alte Frau und habe die Lehren der Aufgestiegenen Meister seit nunmehr fast 25 Jahren studiert. 1991 enthüllte mir El Morya durch Elizabeth Clare Prophet, dass ich ein inkarnierter Engel bin. Das half mir, einen Traum zu verstehen, den ich, lange bevor ich auf diese Lehren gestoßen bin, hatte. Ich habe über Träume bereits viele Enthüllungen erhalten, und heute weiß ich, dass es sich damals um eine Erinnerung an meine letzte Inkarnation handelte, als mein Wissen um die Himmelsreiche es mir ermöglichte, anderen zu helfen.
>
> Der Traum war recht kurz, doch absolut dramatisch. Ich befand mich in Soldatenuniform am Strand in der Normandie. Um mich herum wimmelte es von amerikanischen

Soldaten, die gerade getötet worden waren und nicht wussten, was sie tun sollten. Ich war ebenfalls gerade erst gestorben, doch irgendwie wusste ich, was zu tun war. Daher befahl ich ihnen, mir zu folgen. Wir befanden uns in unserer Uniform, doch wir konnten uns in unseren feinstofflichen Körpern frei bewegen. Ich führte sie zum Strand, weg vom Schlachtfeld und in die nähere Umgebung. Wir durchquerten den Vorgarten eines Hauses und gelangten dann in den Hinterhof, unter Kleidungsstücken hindurch, die an einer Wäscheleine hingen. In dieser ruhigen Szenerie begannen wir langsam, in die Luft aufzusteigen. Während ich sie in höhere Oktaven führte, erwachte ich!"

Inkarnierte Engel unterliegen den gleichen kosmischen Gesetzmäßigkeiten und physischen Beschränkungen wie die restliche Menschheit. In körperlicher Form verfügen sie über vier niedere Körper und erzeugen gutes und schlechtes Karma. Doch sobald Engel inkarniert sind, besitzen sie wie alle Söhne und Töchter Gottes das Potenzial, um Aufgestiegene Meister zu werden. Sind sie erst einmal aufgestiegen, so besitzen sie auch die Eigenschaft, Engel zu sein.

Der Aufgestiegene Meister Gautama Buddha sprach 1995 in einem Diktat über inkarnierte Engel. Seine Worte skizzieren ein Kurzprofil ihrer liebevollen, unermüdlichen und heldenhaften Haltung, wenn sie anderen Seelen dienen.

> "Bittet im Gebet um den Schutz jener mächtigen Engel, die inkarniert sind, unter den Menschen wandeln und immer wieder ihr Leben gegeben haben, um andere zu retten. Wenn Engel, die Menschengestalt angenommen haben, am Ende eines Lebens zu einer Audienz vor mich und die Herren des Karmas treten, so bitten viele von ihnen flehentlich darum, es ihnen zu gestatten, sofort wieder zu inkarnieren, damit sie ihre Bemühungen, die Menschheit der Erde gegen die Tücken des Bösen zu verteidigen, wiederaufnehmen können. (...) Es gibt viele inkarnierte Engel - unzählige Millionen von

ihnen -, die ihr Leben ausschließlich dafür einsetzen, um anderen zu dienen und zu helfen. Sie stehen ganz vorne an den Fronten und kümmern sich um andere, die auf den Schlachtfeldern sterben - und sie geben in der Schlacht oft selbst ihr Leben, denn ihr Mut ist grenzenlos."[3]

Gefallene Engel

Neben den Engeln, die beschlossen, in höherem Maße zu helfen, indem sie auf der Erde inkarnieren, gibt es noch andere Engel, die in menschlichen Körpern leben oder auf der Astralebene existieren und sich für einen anderen Lebenszweck entschieden haben. Dies sind die Engel, die aufgrund von Stolz oder Lust vor langer Zeit bei Gott in Ungnade fielen und nun mit bösen - und nicht mit guten - Absichten unter uns weilen. In ihrer Rebellion gegen das Licht Gottes versuchen diese gefallenen Engel, die Aktivitäten Gottes sowie seiner Söhne und Töchter zu unterminieren.[4]

Elizabeth Clare Prophet beschreibt den Charakter der gefallenen Engel mit folgenden Eigenschaften: Rebellion, Stolz, Sündhaftigkeit und Boshaftigkeit. Da sie Gott verleugnen, haben sie die Flamme des Heiligen Geistes in ihrem Innern tatsächlich ausgelöscht. Sie sind stolz und herzlos, haben kein Licht in ihren Augen und keine wahre Liebe für irgendjemanden. Stattdessen versuchen sie, andere in ihrem Sinne zu manipulieren.

Diese Information soll keine Angst machen. Man sollte sie sich vielmehr zu Herzen nehmen und als Erklärung für vieles Böse auf dieser Erde verstehen. Manchmal werden die Menschen verwirrt und fragen sich, wie ein liebevoller Gott so etwas Böses zulassen kann. Die wahre Erklärung lautet, dass die gefallenen Engel aus freien Stücken von einer hohen spirituellen Ebene herabkamen und beschlossen, Boshaftigkeiten zu verüben, um uns die Dualität vor Augen zu führen. Als Schutzmaßnahme gegen sie hat unser liebevoller Gott aber auch seine Hilfe garantiert. Dieser Schutz ist am leichtesten und schnellsten verfügbar, wenn die Lichtträger die Wissenschaft des gesprochenen

Wortes anwenden und die Engel, die Gott und seinen Kindern dienen, anrufen, um sie in Zeiten körperlicher, emotionaler, geistiger oder spiritueller Not zu verteidigen.

Die Engelscharen können im Alltagsleben und auf dem spirituellen Pfad eine unermessliche Hilfe sein. Zu den stärksten dieser Beschützer, Führer und Lehrer zählen die sieben Erzengel.

Mit den sieben Erzengeln Freundschaft schließen

Die Erzengel sind die Anführer aller Engelscharen und wurden als die obersten Hierarchen im Engelreich erschaffen. Sie sind majestätische Wesen, die göttliche Attribute verkörpern und den Söhnen und Töchtern Gottes zu Diensten stehen. Sie arbeiten unermüdlich, um das Böse zu bekämpfen und das Gute zu fördern. Die Erzengel haben bereits Millionen von Jahren vor uns existiert. Elizabeth Clare Prophet sagte in der Tat, dass sie unsere ersten Lehrmeister auf dem Pfad waren.

Schon im dritten Jahrhundert vor Christus beschrieb die jüdische Lehre die Erzengel als Wesen, die von immensen spirituellen Flammen unterschiedlicher Farben umgeben sind. Eine ähnliche Vorstellung taucht auch im 20. Jahrhundert bei den Lehren der Aufgestiegenen Meister auf, die besagen, dass es sieben spirituelle Flammen gibt, die die sieben Strahlen widerspiegeln, und dass auf jedem dieser Strahlen ein Erzengel dient.

Auch die Erzengel haben Zwillingsflammen, ebenso wie die Söhne und Töchter Gottes. Mit den Erzengeln (im Englischen: *archangels*) gemeinsam dienen nämlich ihre weiblichen Gegenstücke, die Erzengelinnen (im Singular *archeia*, im Plural *archeiai*). Die englischen Begriffe *archangel* ("Erzengel") und *archeia* ("Erzengelin") stammen von der griechischen Wurzel *arch* mit der Bedeutung "anführen" oder "regieren". Gemeinsam bündeln der jeweilige Erzengel und seine Erzengelin die männliche und weibliche oder Alpha- und Omegapolarität ihres spezifischen Strahles, auf dem sie dienen. Wenn man den einen anruft, so ruft man unweigerlich auch die Gegenwart des anderen herbei.

Elizabeth Clare Prophet hat die Erzengel als göttliche Architekten beschrieben. Gott setzt sie ein, um die Pläne für seine Projekte zu erstellen und diese umzusetzen. Sie sind die kosmischen Baumeister und Designer, und sie lenken die göttliche Blaupause für jede Bemühung - und sei sie noch so klein oder groß - in unser Denken.

Alle Erzengel sind auch Heiler, die als Meisterchirurgen unsere Seelen und unsere vier niederen Körper wieder "flicken". Stellen Sie sich die Macht dieser Erzengel vor, die seit Jahrmillionen die Existenz Gottes bestätigen und das spirituelle Licht in ihrem Wesen erweitern. Wenn sie dann in unserer Mitte sind, dienen sie uns und reinigen uns, indem sie den großen Zuwachs an Licht, den sie gesammelt haben, auf uns übertragen. Wenn wir diesen Energieschub der Engel richtig nutzen, kann uns dadurch ein viel größerer Fortschritt auf dem spirituellen Weg gelingen.

Wenn wir mehr über die Erzengel und Erzengelinnen der sieben Strahlen und ihre speziellen Fähigkeiten erfahren - und bewusst Freundschaft mit ihnen schließen -, fällt es uns außerdem leichter, mit ihnen vertrauter und effektiver umzugehen. Die folgende Anweisung enthält einige einfache Schlüssel, um mit diesen herrlichen Dienern des Lichts erfolgreich zu arbeiten.

Erzengel Michael und die Erzengelin Faith

Erzengel Michael wird in der jüdischen, christlichen und islamischen Tradition verehrt. Michaels Name bedeutet: "Der Gott gleich ist." In Josua 5, 13-15 erschien er als Mann mit einem Schwert in der Hand, der sich selbst als "Fürst über das Heer des Herrn" bezeichnete. In der Offenbarung des Johannes 12, 7 wird er als der Erzengel genannt, der den Satan aus dem Himmel geworfen hat.

Michael und sein göttliches Gegenstück Faith (Glaube) dienen auf dem blauen Strahl, dem ersten Strahl des spirituellen Lichts. Sie können uns helfen, das Kehlchakra zu reinigen und zu stärken sowie alle Eigenschaften des ersten Strahles zu meistern. Der blaue Strahl bietet uns spirituellen und physischen Schutz und ist ausschlaggebend für den richtigen Ausdruck von Macht und Führungsqualität. Er ist auch von essenzieller Bedeutung, um den Glauben zu entwickeln und sich auf den göttlichen Willen und den eigenen göttlichen Plan einzustimmen.

Erzengel Michael wirft den Satan aus dem Himmel

1996 machte Erzengel Michael den Schülern mit ernsthaften Ambitionen ein wunderbares Angebot. Dies ist auch ein gutes Beispiel dafür, was für einen Unterschied es machen kann, wenn man mit einem Erzengel arbeitet! In seinem Diktat bietet er allen besondere Hilfe an, die fest entschlossen sind, die Blaupause ihres göttlichen Planes zu manifestieren, die in ihrem ätherischen Körper gespeichert ist. Er bewirkt dies, indem er die Aktivität der violetten Flamme im ätherischen Körper so verstärkt, dass man besseren Zugriff auf die göttliche Matrix bekommt. Dies wiederum ebnet denjenigen, die spirituell auf der Suche sind, den Weg, um ihre Göttlichkeit leichter in ihrem Alltagsbewusstsein und Alltagsleben zu verankern.

Michael sagte: "Wenn ihr entschlossen seid, eure ätherische Blaupause intakt und versiegelt zu bewahren, so werde ich, Erzengel Michael, zu euch kommen und euch wirkungsvolle Techniken lehren, die ihr benutzen könnt, um die violette Flamme in eurem ätherischen Körper zu verstärken. (...) Wenn ihr euch mir in diesem Bemühen in eurem Interesse anschließt, werdet ihr eine Bewusstseinserhöhung erfahren, die ihr viele Leben lang nicht mehr erfahren habt."[5] Sind die Ursache und Wirkung, Aufzeichnung und Erinnerung negativer Energie aus dem ätherischen Körper entfernt, so können die Menschen die Matrix ihrer aktiven Göttlichkeit von Augenblick zu Augenblick bewusster und leichter erfahren. Bei dieser Gleichung ergibt sich unter dem Strich, dass der Entschluss eines Individuums, seinen göttlichen Plan zu erfüllen, die Tür zu Erzengel Michaels Gnade öffnet, um dem Menschen einen großen Energiestoß zu geben, und zwar nicht nur einmalig, sondern auch auf seinem gesamten Pfad der Selbstmeisterung.

Jeder kann Erzengel Michael um praktische Hilfe anrufen, wann immer er sich in körperlicher oder spiritueller Gefahr befindet. Dies kann alles sein, angefangen bei persönlichem Schutz inmitten von Risiken im Straßenverkehr bis hin zum Schutz von Menschen überall auf der Welt, die sich aufgrund von Naturkatastrophen, Kriegen oder anderen gefährlichen Situationen in Gefahr befinden.

Im Anschluss folgt ein kurzes Fiat, das Sie zu Erzengel Michael sprechen können, wenn Sie sich in einer schwierigen persönlichen Situation befinden und sofortige Hilfe benötigen. Es kann bei Verkehrsunfällen und schwierigen Situationen aller Art besonders hilfreich sein, wenn keine andere Hilfe in Sicht ist. Wenn Sie dieses Fiat voller Inbrunst sprechen, so wird Erzengel Michael augenblicklich an Ihrer Seite stehen.

"Erzengel Michael, hilf mir! Hilf mir! Hilf mir!" (3x)

Erzengel Jophiel und die Erzengelin Christine

Erzengel Jophiel, Erzengelin Christine und deren Engelscharen dienen auf dem zweiten, dem gelben Strahl, dem der Erleuchtung. Jophiel bedeutet "Schönheit Gottes", und Christine füllt die Materie mit dem Licht des Christus. Jophiel und Christine helfen Menschen mit Weisheit, Verständnis, Inspiration, Einsicht, Unterscheidungsvermögen, Wissen um den Geist Gottes sowie bei allen Aktivitäten, die mit dem Kronenchakra verbunden sind.

In einem Diktat aus dem Jahr 1989 lieferte Jophiel tiefgründige, jedoch einfache Anweisungen, um die Anbindung an das Christusselbst zu beschleunigen. Er sagte, dass man auf folgende Weise erreichen kann, dass das Christusselbst durch uns geht, denkt, spricht und fühlt:

"Wenn man Dinge in einem abfälligen Tonfall, voller Kritik, Schwermut oder Depression, Sarkasmus oder der Schwingung von Klatsch ausspricht, so müsst ihr wissen, dass euer heiliges Christusselbst nicht eintreten kann. (...) Sprecht so, wie ihr wisst oder glaubt, dass Christus sprechen würde - mit Liebe, doch auch mit Entschlossenheit, mit Strenge, wo nötig, mit Gnade, wenn sie gebührt, mit sanften Worten, wenn erforderlich. (...) Sprecht so, wie Christus sprechen würde, und Christus wird durch euch sprechen. (...)
Denkt wie Christus denken würde, und Christus wird durch euch denken, und der Geist Gottes wird euer körperliches Gefährt besteigen. (...) Wenn ihr unreine Gedanken habt, unfreundlich, kritisch und intolerant seid, meine gesegneten Herzen, dann ist der Geist Gottes nicht in euch. (...) Wenn ihr Gefühle habt, die nicht die des mitfühlenden Christus sind, so wisst ihr, dass Christus nicht in euch ist. Übt euch in lieblichen Gedanken, in lieblichen Gefühlen, in lieblichen Worten, und sie werden bald ganz von selbst

kommen. (...) Und schließlich, meine Lieben, vollbringt Taten, von welchen ihr wisst, dass Christus sie selbst auch vollbringen würde, und meidet die, auf die Christus sich auch nicht einlassen würde."[6]

Wenn Sie mehr geistige Klarheit brauchen, um Prüfungen zu bestehen, oder Inspiration für Projekte im Beruf bzw. wenn Sie wissen möchten, wie Sie einen Konflikt lösen können, können Sie Jophiel und Christine um Hilfe bitten. Diese können auch Menschen vor Unkenntnis oder spiritueller Blindheit bewahren, die sie daran hindern könnten, die dreifältige Flamme auszugleichen und zum Christus zu werden.

Im Folgenden ein schnelles Fiat, das Sie in jeder Situation im Leben sprechen können, in der Sie mehr Erkenntnis, Klarheit oder Erleuchtung brauchen:

"Erzengel Jophiel und Christine,
lasst die Flamme der Erleuchtung durch mich
hindurchlodern!"[7] (3x)

Erzengel Chamuel und die Erzengelin Charity

Erzengel Chamuel und Erzengelin Charity (Nächstenliebe) dienen auf dem dritten, dem rosa Strahl, dem der göttlichen Liebe. Chamuels Name bedeutet „Der Gott sucht". Chamuel umschreibt sich selbst als „Gottes reine Liebe in geflügelter Manifestation".[8] Er ist der Engel, der in Lukas 22, 43 erwähnt wird und der Jesus im Garten Gethsemane gestärkt hat.

Chamuel und Charity sind mächtige Gesandte des Göttlichen. Sie gehören zu den heftigsten und intensivsten der Erzengel, was den Ausdruck ihrer Liebe betrifft. Gemeinsam verkörpern sie das große Herz und die große Liebe von Vater-Mutter-Gott für jede Schöpfung. Sie helfen den Seelen, ihr Herzchakra zu entwickeln, und bieten Unterstützung in allen Herzensangelegenheiten. Dazu zählen Mitgefühl, bessere Kommunikation, eine ausgeglichene Selbstliebe, die Erweiterung des Einssein mit anderen und die Schöpfung von Schönheit durch die Künste. All diese Qualitäten lassen die rosafarbene Zunge der dreifältigen Flamme wachsen. Die Heilung von Verlusten oder Trennungen in Beziehungen zu

Bild des kosmischen Kreuzes des weißen Feuers

Familienmitgliedern oder Freunden kann auch mithilfe dieser Engel stattfinden. Als Engel der Liebe unterstützen Chamuel, Charity und ihre Scharen alle Seelen und möchten wie gute Freunde in jeder ihnen möglichen Weise helfen. Im Folgenden ein Bericht, der widerspiegelt, wie sehr sie bereit sind, in das Alltagsleben der Menschen zu treten, um zu helfen:

"Vor einigen Jahren war ich Moderator auf einer Vortragstournee zum Thema 'Mit Engeln arbeiten'. Bevor der erste Vortrag begann, kam eine junge Frau mit einem Baby zu mir und fragte mich, ob sie teilnehmen könne. Sie wolle einfach vor der Tür beim Nebeneingang des Vortragssaales Platz nehmen. Sie sagte, sie würde die Türe offen stehen lassen, wenn das Baby still sei, diese jedoch schließen, sobald das Kind zu weinen anfangen würde.

Dies schien mir eine gute Abmachung zu sein. Doch bereits kurze Zeit nach Beginn des Vortrages wachte der kleine Junge auf und begann zu schreien. Seine Mutter schloss pflichtgemäß die Tür, doch das Geschrei des Babys wurde immer lauter, und die Zuhörer begannen, sich ablenken zu lassen. Ich versuchte, ganz normal weiterzusprechen, doch nach etwa 15 Minuten war eine große Unruhe im Saal, und es erschien unmöglich weiterzumachen.

Ich erwog, die Mutter darum zu bitten, mit dem Kind wegzugehen, doch plötzlich spürte ich den Impuls, mich an einer spirituelleren Lösung zu versuchen. Ich schloss die Augen und schickte ein intensives Stoßgebet zu Erzengel Chamuel. Es lautete ungefähr so: 'Geliebter Erzengel Chamuel, im Namen meines Christusselbst und des Christusselbst aller, die hier versammelt sind, um mehr über Engel zu erfahren, übernimm die Kontrolle über das schreiende Baby im Flur. Bitte schicke ihm und seiner Mutter Trost, und nimm dich all der Dinge an, die das Baby unglücklich oder unzufrieden machen. Ich danke dir und akzeptiere dies als noch in dieser Stunde mit aller Kraft geschehen!'

Der Effekt war verblüffend: Das Baby hörte augenblicklich auf zu weinen! Als ich meine Augen öffnete, konnte man eine Stecknadel fallen hören, und ich merkte, dass ich in Hundert erstaunte Augenpaare starrte. Dann begann jemand zu lachen, während andere Beifall klatschten. Nachdem die Aufregung abgeklungen war, wollte das Publikum bereitwillig mehr hören. Es erübrigt sich zu erwähnen, dass das Baby während des restlichen Vortrags nicht mehr zu schreien begann.

Ich weiß nicht, was mir den Impuls gab, die Angelegenheit in Erzengel Chamuels Hände zu legen, da er kein Erzengel ist, den ich oft anrufe. Doch irgendwie tat ich es an jenem Tag, und ich denke, dieses große Wesen sah eine einzigartige Gelegenheit, um dem Publikum zu demonstrieren, dass 'mit Engeln arbeiten' durchaus sehr real ist!"

Neben der Arbeit mit Menschen in ganz besonderen Situationen sind Erzengel Chamuel, Erzengelin Charity und ihre Engel auch mit einer allumfassenderen Aufgabe beschäftigt, nämlich damit, Zwillingsflammen zu vereinen. Die Liebe zwischen Zwillingsflammen währt ewig. Sie sind ursprünglich aus einem einzigen geistigen Funken geschaffen worden und teilen dieselbe göttliche Blaupause. Sie trennten sich in zwei Hälften, als sie sich körperlich manifestierten. Während ihr Kausalkörper ihre individuelle Verwirklichung widerspiegelt, sind sie auf spirituellen Ebenen unzertrennlich und dazu bestimmt, sich wieder zu vereinen. Chamuel sprach 1986 in einem Diktat von dieser Wiedervereinigung und der Mission von Zwillingsflammen mit folgenden Worten:

> "Euer Ursprung ist nicht von dieser Erde, doch eure Bestimmung als Gäste hier, als Pilger des Friedens, muss Teil der Erfüllung jener kosmischen Mission eurer Zwillingsflammen sein. Auf eurem Weg durch dieses Territorium der Erde (...) habt ihr euch also auf den Wegen dieser Welt verstrickt, die weder eure Wege sind noch die Wege Gottes. (...) Entzieht euch der Anziehungskraft der niederen Ordnung der Dinge. Beginnt den neuen Tag! Antwortet dem Ruf eures Herzens und eurer Mission! Und wenn ihr nicht wisst, wie diese lautet, so erkennt, dass die Gegenwart der Liebe, die in euch und mit euch ist und durch euch diese mächtige Arbeit der Jahrhunderte verrichtet, euch diese Mission der Zwillingsflammen enthüllen und euch als Antwort auf euren Ruf wieder mit diesem Geliebten vereinen wird."[9]

Sie können diese Erzengel anrufen und sie bitten, Ihnen dabei zu helfen, Ihre göttliche Mission mit Ihrer Zwillingsflamme zu entdecken. Sie können sie auch darum bitten, Ihnen zu helfen, die Meisterschaft über den Strahl der Liebe zu erlangen, und Ihre Aktivitäten und Interaktionen in Ihrem Alltagsleben zu fördern, so dass sie zu positiveren Resultaten führen. Es folgt ein kraftvolles Fiat, um die beiden Erzengel bei persönlichen Krisen oder bei einer Spaltung zwischen Personen oder Gruppen in Aktion zu rufen:

Geliebter Chamuel! Ich rufe dich an, dieses Fiat
mit mir zu sprechen:
Im Namen Gottes, ICH BIN DER ICH BIN, im
Namen von Erzengel Chamuel:
Verschwindet, Mächte der Anti-Liebe! (3x)

Erzengel Gabriel und die Erzengelin Hope

Erzengel Gabriel, dessen Name "Gott ist meine Stärke" oder "Mann Gottes" bedeutet, dient auf dem vierten, weißen Strahl, dem Strahl der Reinheit.

Gabriel ist in drei der Hauptreligionen anerkannt - im Judentum, im Christentum und im Islam. Im Islam ist er als der Engel bekannt, der Mohammed den Koran brachte. Im Christentum ist er der Engelsbote, der Maria ankündigte, dass sie die Mutter Christi werden würde.

Erzengel Gabriel und seine Zwillingsflamme, die Erzengelin Hope (Hoffnung), unterstützen die Lichtträger bei ihrer Lichtarbeit im Basischakra und bei der Meisterung der Eigenschaften des vierten Strahls - Reinheit, Ordnung, Hoffnung, Freude und Disziplin. Die Seraphim Gottes dienen auch mit Gabriel und Hope auf dem weißen Strahl. Wenn wir uns durch die Reinheit von Körper, Geist und Seele mit dem Bewusstsein der göttlichen Mutter verbinden möchten, so können uns diese Engel helfen, das Licht der Kundalini aufsteigen zu lassen, um dieses Ziel zu erreichen. Die Seraphim kommen herbei und tragen das Licht der Zentralsonne - und wir können dieses Licht durch Assimilation empfangen. Während sie ihre Gegenwart über uns stellen, können wir diese Energie aufnehmen wie ein Schwamm, der Wasser aufsaugt.

Wenn Gabriel Menschen Ratschläge darüber erteilt, welche Prioritäten sie in ihrem Leben setzen sollten, betont er immer wieder, dass es das oberste Ziel sein sollte, dem spirituellen Licht zu dienen und es aufrechtzuerhalten. Er sagte: "Sich dafür zu entscheiden, Licht zu speichern, Licht zu besitzen, Licht zu sein, das Licht zu kennen und Diener des Lichts zu sein und sogar zum Meister dieses Lichts zu werden - das ist das Gebot der Stunde."[10]

Gabriel, der oft mit einer Trompete in der Hand dargestellt wird, ist der Erzengel der Verkündigung, der jeder Seele auf dem Weg des Aufstiegs und der letztendlichen Vereinigung mit Gott die guten Neuigkeiten verkündet. Elizabeth Clare Prophet hat beschrieben, wie sich dies in ihrem Leben zugetragen hat. Sie war 18 Jahre alt und stand auf den Stufen einer Kirche in ihrer Heimatstadt, als sie von einem göttlichen Bewusstsein erfüllt wurde. Sie sah und spürte ein großes weißes Licht, und sie hörte sich selbst sagen: "Ich werde also in diesem Leben meinen Aufstieg machen!" Später erfuhr sie, dass es Gabriel gewesen war, der mit dieser Verkündigung zu ihr gekommen war. Sie sagte auch, dass Gabriel dies vielen von uns verkündet hat. Dies zeigt sich daran, dass wir plötzlich erkennen, dass wir nach Hause berufen werden und viel leisten müssen, um unser Karma auszugleichen und dieses Ziel zu erreichen.

Sie können folgendes Fiat sprechen, das auch eine Affirmation aus einem der Diktate Gabriels enthält, um Ihren spirituellen Pfad mit Energie aufzuladen und Sie zu Ihrem Aufstieg anzutreiben.

Im Namen Gabriels und Hopes,
ICH BIN ein Heiliger Gottes! (3x)

Erzengel Raphael und die Erzengelin Maria

Erzengel Raphael, dessen Name "Gott hat geheilt" oder "Gott wird heilen" bedeutet, dient auf dem fünften, smaragdgrünen Strahl. Im Zohar, einem mystischen Text, heißt es, dass Raphael sowohl mit der Heilung der Erde als auch mit der Heilung der Menschen betraut ist. Im Christentum wird er als der Engel verehrt, der den Kranken am Teich von Bethesda geheilt hat.

Das göttliche Gegenstück zu Raphael ist Maria, die Mutter Christi. Die Aufgestiegenen Meister haben enthüllt, dass Gott Maria, eine Erzengelin, dazu berufen hat, zu inkarnieren, so dass sie eines Tages die Mutter Jesu werden konnte. Zur Vorbereitung auf diese Mission diente Maria vor langer Zeit auf Atlantis und arbeitete in den Heiltempeln jenes Kontinents. Mutter Maria wird manchmal auch als die "Königin der Engel" bezeichnet.

Erzengel Raphael und Maria arbeiten mit Schülern daran, die Meisterschaft über das Licht des Chakras des Dritten Auges zu erlangen. Bei diesem Chakra und dem grünen Strahl geht es um Ganzheit, Vision, Wahrheit, Heilung, Wissenschaft, die Bewahrung der makellosen Vision für sich und andere und den Wunsch, die Fülle des Lebens auf Erden zu manifestieren. Diese Erzengel können auch Musiker, Sänger und Komponisten dazu inspirieren, heilende und inspirierende Musik zu kreieren.

Mutter Maria hält die makellose Vision[11] für jede Seele, die auf diesem Planeten geboren wurde. Sie können sie anrufen und darum bitten, sie möge Ihnen helfen, sich wieder in Resonanz mit Ihrer angeborenen Göttlichkeit zu bringen. Sie können Maria und Raphael auch um Heilung in Zeiten von Krankheit anrufen, wenn Sie eine Vision für ein besonderes Projekt benötigen oder wenn eine Erhöhung von Ressourcen es Ihnen ermöglichen würde, Ihre Mission besser zu erfüllen. Sie können sie auch anrufen und darum bitten, Ihre Seele von gegenwärtigen Schwierigkeiten oder Traumata in der Vergangenheit zu heilen.

Erzengel Raphael hat zum Zwecke unserer Heilung und Ganzheit einen Schlüssel enthüllt, der unserer aktiven Mithilfe bedarf. Er sagte: "Ich, Raphael, knie vor diesem Altar nieder und fordere den Herrn auf, die Dinge zu beschleunigen. Beschleunige also alles. Beschleunige das Sehen und die Vision der Ganzheit. Denn ich verrate euch ein Geheimnis, meine Lieben, das kein Geheimnis mehr ist, wenn es einmal preisgegeben ist: Nur das Ganze kann ganz gemacht werden! Zieht daher den Kreis der Ganzheit als ein eiförmiges Oval aus Licht. Stellt euch in die Eiform, die ihr gezeichnet habt. Wisset, dass diese Ganzheit wirklich existiert, und weil ihr zu Anbeginn in Gott ganz gewesen seid, könnt und müsst ihr bekräftigen, dass ihr am Ende auch ganz sein werdet."[12]

Sie können die folgende Anrufung und das kurze Dekret zu Ihrer Heilung und zur Heilung anderer jederzeit sprechen. Wie bei allen laut ausgesprochenen Gebeten sind auch hier die Resultate besser, je öfter Sie es aufsagen. Je öfter Sie den Vers sprechen, desto kraftvoller wird auch die Aktivität sein.

Im Namen von Raphael und Mutter Maria befehle ich meinen vier niederen Körpern: *Möget ihr ganz werden!* (3x)

Ich rufe euch auch an und bitte euch für [nennen Sie sich selbst und/oder eine andere Person] in Übereinstimmung mit Gottes heiligem Willen um die Heilung von [bezeichnen Sie hier die Umstände].

ICH BIN Gottes Perfektion, offenbart
in Körper, Geist und Seele –
ICH BIN Gottes Führung, die herabströmt,
um mich zu heilen und ganz zu bewahren!"
(3x)

I AM God's perfection manifest
In body, mind and soul –
I AM God's direction flowing
*To heal and keep me whole!** (3x)

* *Da wir uns bei der deutschen Übersetzung bemüht haben, inhaltlich so nah am Original zu bleiben wie möglich, war es nicht immer möglich, den besonderen Sprachrhythmus der englischen Ursprungstexte einzufangen. Daher finden Sie unter jedem Dekret dessen Originaltext in Englisch, um Ihnen die Möglichkeit zu geben, neben der eigentlichen Anrufung auch den eingängigeren Rhythmus der Originale zu erfahren. Wenn Sie sich mit der deutschen Übersetzung vertraut gemacht haben, können Sie auch gänzlich auf den englischen Text zurückgreifen bei Ihrer Arbeit mit den Dekreten.*

Erzengel Uriel und die Erzengelin Aurora

Erzengel Uriels Name bedeutet "Feuer Gottes" oder "Gott ist mein Licht". Er wird in einigen jüdisch-christlichen Büchern erwähnt. In den Apokryphen im zweiten Buch Esdras ist Uriel beispielsweise als der Erzengel der Erlösung bekannt.

Uriel und seine Zwillingsflamme Aurora dienen auf dem purpurnen und goldenen Strahl, dem sechsten Strahl. Sie lehren die Menschen, die Meisterschaft über das Solarplexus-Chakra zu erringen. Der sechste Strahl ist der Strahl des Dienstes an Gott und den Menschen, des Friedens, der Brüderlichkeit und der Auferstehung. Der purpur-goldene Strahl ist rubinrot gefleckt und bringt somit die intensive Aktivität der göttlichen Liebe mit sich. Er erzeugt den Wunsch, im eigenen Christusbewusstsein die Selbstbeherrschung zu erlangen, um sowohl Gott als auch den Menschen zu dienen. Dies ist der Strahl, auf dem Jesus Christus gedient hat.

Da Uriel und Aurora die Unterscheidungskraft besitzen, die vom Licht dieses Strahls getragen wird, trennen sie das Wahre vom Falschen. Ihre Engel binden alles, was nicht aus Licht besteht - bei Individuen und auf der Erde. Sie bringen Schwingungen des Friedens und der Brüderlichkeit überall dorthin, wohin auch immer sie gerufen werden. Wann immer es erforderlich ist, Uneinigkeiten zwischen Menschen zu schlichten oder die Brüderlichkeit unter Menschen herbeizuführen, möchten Uriel und Aurora helfen.

Diese Erzengel verkünden außerdem noch eine weitere wichtige Eigenschaft des sechsten Strahls. die Flamme der Auferstehung. Diese Schwingungsenergie besitzt die Kraft, alles mit Heilung und neuem Leben zu durchtränken und die Kraft und Freude wiederherzustellen, wann immer sie gemäß der Wissenschaft des gesprochenen Wortes angerufen werden. Die Hauptfunktion der Flamme der Auferstehung besteht darin, der Seele so viel Antrieb zu geben, dass sie im Ritual des Aufstiegs mit der Ewigkeit eins wird.

Um auf unseren Seelenaufstieg oder auch jeden anderen persönlichen Sieg in diesem Leben hinzuarbeiten, hat uns Erzengel Uriel folgende Anweisungen gegeben. Um eure Ziele in diesem Leben zu erfüllen, müsst ihr folgende Affirmation sprechen:

Frieden, seid still und wisset,
dass ich Gott bin!

Sprechet sodann zum unverwandelten Selbst!
Sprechet sodann zum undisziplinierten Selbst!
Sprechet sodann zu euren Gliedern, die sich noch nicht im Kessel der violetten Flamme befinden!
Sprechet zu euren vier niederen Körpern!
Sprechet zu jenen schlechten Angewohnheiten und sagt:

Frieden, seid still und wisset,
dass ich Gott bin!

Und wenn ihr dies sprecht, meine Lieben, so *wisset*, dass ihr die ICH-BIN-Gegenwart in euch bestätigt. Gott der Herr regiert in eurem Tempel nicht nur über euch, sondern *in* euch, *durch* euch, *als* ihr selbst![13]

Peace, be still and know that I AM God!
Speak, then, to the untransmuted self!
Speak, then, to the undisciplined self!
Speak, then, to your members that are not yet in the cauldron of the violet flame!
Speak to your four lower bodies!
Speak to those naughty habits and say:
Peace, be still and know that I AM God!
And when you say it, beloved, know that you are affirming the

I AM Presence in yourself. Not just above you but in you, through you, as you, the Lord God does reign in your temple!

Wenn Sie dieses Fiat benutzen, können Sie auf kraftvolle Weise die schöne Energie der Erzengel des sechsten Strahls in Ihre Welt bringen. Es trägt Uriels Licht und stimmt den Ton an, der in der Lage ist, alles zu überwinden, das weniger ist als der Christus in Ihnen. Sprechen Sie es mit dem Feuer Ihres hingebungsvollen Herzens, und erfahren Sie den Frieden dieses purpur-goldenen Strahles für sich selbst. Sie können es so oft wiederholen wie nötig, damit Sie spüren, wie sich die Energie in Ihrem Solarplexus und in Ihrem Bewusstsein förmlich verschiebt und friedlicher wird.

Im Namen der Erzengel Uriel und Aurora,
Frieden, seid still und wisset,
dass ich Gott bin! (3x)

In the name of Archangel Uriel and Aurora,
Peace, be still and know that I AM God! (3x)

Erzengel Zadkiel und die Erzengelin heilige Amethyst

Erzengel Zadkiel und sein weibliches Gegenstück, die heilige Amethyst, verkörpern den Geist des siebten, violetten Strahls, des Strahls des Wassermannzeitalters. Zadkiels Name bedeutet "Rechtschaffenheit Gottes". Er und die heilige Amethyst helfen der Menschheit, die Meisterung des Sitz-der-Seele-Chakras zu erlangen.

Diese Erzengel bringen die Flamme der Freiheit, der Freude, der Vergebung, der Alchemie, der Gerechtigkeit, der Verwandlung und der Befreiung der Seele. Wir können diese Qualitäten des siebten (violetten) Strahls in unserem Leben fördern, indem wir die violette Flamme anrufen. Der Einsatz der violetten Flamme kann alte Erinnerungen auslöschen, Vergebung bewirken und den Geist der inneren Freude steigern. Jedes Mal, wenn wir Zadkiel und Amethyst anrufen, die die violette Flamme verkörpern, bringen wir der Erde und uns selbst Veränderung. Wir kommen dem Augenblick der Verschmelzung mit unserem Christusselbst näher und helfen mit, die Welt auf das beginnende Wassermannzeitalter vorzubereiten.

Erzengel Zadkiel selbst sprach von der Bedeutung der Arbeit mit der violetten Flamme. Er sagte: "Der Erfolg des neuen Zeitalters (...) ist voll und ganz davon abhängig, ob ihr die violette Flamme anruft. (...) Und ich erinnere euch, wie die Elohim gesagt haben, dass ihr in euren Kausalkörpern mehr seid als das Leben, denn wenn ihr dort zentriert seid, befindet ihr euch in eurem wahren spirituellen Selbst. Glaubt nie, nie, niemals, dass eine einzige Anrufung an die violette Flamme nicht eine Million Gebete anderer Menschen aufwiegt, die die violette Flamme nicht anrufen." [14]

Sie können Zadkiel und Amethyst anrufen und darum bitten, Ihnen zu helfen, Sie von altem Karma zu befreien und neue Vitalität in Ihr Leben zu bringen. Visualisieren Sie, wie die violette Flamme Hindernisse hinwegfegt, die der Befreiung der Seele im Weg stehen, während Sie die folgende Affirmation sprechen, die aus einem Diktat von Erzengel Zadkiel stammt:

Im Namen des Erzengels Zadkiel und der
heiligen Amethyst,
*ICH BIN Freiheit von Begrenzungen!
ICH BIN der Segen und die Lebenskraft der
violetten Flamme!* (3x)

In the name of Archangel Zadkiel
and Holy Amethyst,
**I AM freedom from limitation!*
I AM the blessing and buoyancy
*of the violet flame!** (3x)

Die Liste auf Seite 78 und 79 führt die sieben Erzengel und ihre Erzengelinnen auf, den Strahl, auf dem sie dienen, die Farbe und das Chakra, die diesem Strahl zugeordnet sind, die Qualitäten dieses Strahles sowie ihre jeweiligen spirituellen Rückzugsorte. Ebenso werden auch Musterfiats an die Erzengel vorgeschlagen.

ÜBERSICHTSTABELLE …

Erzengel und Erzengelin	*Strahl Farbe Chakra*	*Eigenschaften*
Michael und Faith	1. Strahl Blau Kehle	Glaube, Schutz, Perfektion, Macht
Jophiel und Christine	2. Strahl Gelb Scheitel	Weisheit, Verständnis, Erleuchtung
Chamuel und Charity	3. Strahl Rosa Herz	Liebe, Mitgefühl, Kreativität
Gabriel und Hope	4. Strahl Weiß Wurzel	Führung, Disziplin, Ordnung, Reinheit
Raphael und Mutter Maria	5. Strahl Grün Drittes Auge	Ganzheit, Heilung, Vision, Fülle
Uriel und Aurora	6. Strahl Purpur und Gold mit Rubinrot Solarplexus	Ruhe des Geistes, Frieden, Brüderlichkeit
Zadkiel und die heilige Amethyst	7. Strahl Violett Sitz der Seele	Seelenfreiheit, Freude, Gnade, Vergebung

... DER ERZENGEL

Fiats	*Lage des spirituellen Rückzugsortes*
"Erzengel Michael, hilf mir! Hilf mir! Hilf mir!"	Banff am Lake Louise, Kanada
"Erzengel Jophiel und Christine, lasst die Flamme der Erleuchtung durch mich hindurchlodern!"	Im Süden der Großen Mauer, bei Lanchow im Norden von Zentralchina
"Geliebter Chamuel, ich rufe dich an, um dieses Fiat mit mir zu sprechen: Im Namen Gottes, ICH BIN DER ICH BIN, im Namen von Erzengel Chamuel, Kräfte der Anti-Liebe – verschwindet!"	St. Louis, Missouri, USA
"Im Namen von Gabriel und Hope, ICH BIN ein Heiliger Gottes!"	Zwischen Sacramento und Mount Shasta, Kalifornien, USA
"Im Namen von Raphael und Maria, ich befehle meinen vier niederen Körpern: Möget ihr ganz werden!"	Fátima, Portugal
"Im Namen von Erzengel Uriel und Aurora, Friede – sei still und wisse: ICH BIN Gott!"	Tatra-Gebirge südlich von Krakau, Polen
"Im Namen von Erzengel Zadkiel und der heiligen Amethyst, ICH BIN die Freiheit von allen Begrenzungen! ICH BIN der Segen und die Lebenskraft der violetten Flamme!"	Kuba

Auf Besuch bei den Erzengeln

Ebenso wie die Chohans der Strahlen haben auch die Erzengel ihre spirituellen Rückzugsorte im ätherischen Reich über bestimmten Kraftorten der Erde. Jeder Rückzugsort eines Erzengels ist ein Treffpunkt für Engel, die auf ihrem spirituellen Strahl dienen. Oft ist es Voraussetzung für eine Reise zu den Rückzugsorten der Erzengel, dass man den Chohans an den Universitäten des Geistes einen Besuch abstattet. Doch es kann sein, dass Sie irgendwann unvermittelt den Impuls bekommen, sich zum Rückzugsort eines Erzengels zu begeben. Tritt dieser Fall ein, so können Sie dem Wunsch Ihrer Seele folgen, während des Schlafes dorthin zu reisen.

Sie können den Erzengeln vor dem Einschlafen spezielle Fragen stellen oder diese bei einem besonderen Problem, mit dem Sie konfrontiert sind, um Hilfe bitten. Möglicherweise erinnert sich Ihr bewusster Verstand nicht unbedingt an alles, was Sie an diesen Rückzugsorten der Engel lernen, doch es können sich Erkenntnisblitze oder Antworten auf Ihre Fragen in einer Weise einstellen, die Sie

am wenigsten erwarten. Sie können sich beispielsweise durch die beiläufige Bemerkung eines Familienangehörigen oder Freundes inspirieren lassen, der genau das sagt, was Sie hören müssen. Oder Sie stoßen auf einen Artikel, den Sie nie zuvor entdeckt hatten und der Ihnen spezifische Informationen zuträgt, von denen Sie wissen müssen. Engel sind genial und kennen viele verschiedene Wege, um Sie zu erreichen. Vergessen Sie nicht, offen und geduldig zu bleiben.

Hier folgt eine Anrufung, die Sie verwenden können, um zu den Rückzugsorten der Erzengel zu gelangen. Wählen Sie den Erzengel aus, der auf dem Strahl dient, der Ihren Bedürfnissen am besten entspricht, oder zu dem Sie sich am meisten hingezogen fühlen. Benutzen Sie hierzu auch die Übersichtstabelle auf den Seiten 78 und 79. Fügen Sie bei der Anrufung den Namen des Erzengels, den Sitz seines Rückzugsortes sowie Ihre spezielle Bitte in die Leerstellen ein.

"Im Namen des ICH BIN DER ICH BIN rufe ich den geliebten Erzengel Michael an und bitte ihn, einen Engel zu schicken, um mich in meinem ätherischen Körper zum Rückzugsort von [fügen Sie hier den Namen des Erzengels ein, den Sie gern besuchen möchten] über [fügen Sie hier den Ort ein] zu begleiten. Ich bitte darum, [fügen Sie hier Ihre persönliche Bitte ein]. Lass dies im Einklang mit Gottes Willen geschehen. Amen."

Mit den Engeln kommunizieren und arbeiten

Elizabeth Clare Prophet hat erklärt, dass das gesamte Universum auf Beziehungen aufgebaut ist. Dies beginnt ganz oben mit unserem Vater-Mutter-Gott, der seine unermessliche Liebe zum Ausdruck brachte, indem er Söhne und Töchter erschuf, die diese Liebe teilen sollten. Gott schuf auch Engel, die diese Söhne und Töchter lieben und ihnen dienen sollten. Aus dem Wissen heraus, dass die besten Beziehungen diejenigen sind, in denen die Energie in beide Richtungen fließt, möchten Schüler, die einen spirituellen Weg gehen, die Liebe von Vater-Mutter-Gott und den Engeln nicht nur empfangen, sondern diese Liebe auch zurückgeben.

Die Aufgestiegenen Meister und Sendboten haben uns viele Informationen darüber gegeben, wie wir mit den himmlischen Scharen kommunizieren, sie lieben und mit ihnen Freundschaft schließen können. Eine gute Grundlage, um mit den Engelscharen in Beziehung zu treten und ihnen Liebe zu schicken, ist ein gesundes Selbstwertgefühl.

Fühlen Sie sich würdig

Manche Menschen glauben, dass wir Menschen es nicht wert sind, mit den Engeln zu wandeln und zu kommunizieren. Nichts könnte der Wahrheit ferner liegen. Hierzu hat Elizabeth Clare Prophet gesagt, dass es uns, wenn wir das Gefühl der Wertlosigkeit und Selbstverurteilung ablegen, möglich ist, in unserem Leben die Anwesenheit der sieben Erzengel zu erfahren. Sie empfahl uns, eine einfache Anrufung zu sprechen, um diesen Mantel der Selbstabwertung abzuschütteln:

"Herr, ich bin es wert.
Mache mich noch wertvoller."

Wenn wir dieses Gebet oft aufsagen, kann dies uns dabei behilflich sein, mit ganzem Herzen zu spüren, dass Gott uns nicht verurteilt hat, so dass wir keinen Grund haben, uns selbst zu tadeln oder uns minderwertig zu fühlen. Wir können auch die violette Flamme anrufen und sie bitten, sie möge alle falschen Vorstellungen oder Hemmnisse verwandeln, die uns daran hindern könnten, mit den Engeln in Beziehung zu treten. Als Söhne und Töchter Gottes sind wir es voll und ganz wert, mit den Engelscharen zu wandeln und zu kommunizieren.

Es ist außerdem vorteilhaft, sich zu vergegenwärtigen, dass die Engel uns eine unschätzbare Hilfe dabei sind, unsere einzigartige Mission als

Sohn bzw. Tochter der Göttlichkeit zu erfüllen. Daher ist es nicht nur wünschenswert, sondern auch wichtig, dass wir mit ihnen kommunizieren und arbeiten. Wir sind es wert, und sie warten auf uns - worauf warten wir also noch?

Kommunikation mit den Engeln

Wenn wir den Wunsch haben, mit Engeln zu kommunizieren, ist es hilfreich, das Naturell der Engel zu berücksichtigen. Engel leben von Natur aus im geistigen Reich. Sie bewegen sich unter uns und um uns herum, zeigen sich jedoch nur selten. Es folgen einige Anregungen, wie wir bewirken können, dass sie sich in unserer Mitte wohler fühlen.

- Halten Sie Ihr Haus und Büro sauber und staubfrei. Dies ist eine praktische Empfehlung, die laut Elizabeth Clare Prophet bewirken wird, dass die Engel sich wohler fühlen. Es ist, als würden Sie einen Empfangsteppich ausrollen, da Sie ein Umfeld schaffen, dessen

Schwingung dem Himmelsreich, dem Zuhause der Engel, näher kommt.

- Achten Sie darauf, dass Ihre Gedanken, Ihre Gefühle und Ihr Umfeld denjenigen der Engel ähnlicher werden. Dazu zählen beispielsweise unterhaltsame, erbauliche Gedanken und liebevolle Gefühle. Sie sollten sich auch auf die Schwingungen der Liebe, des Friedens, der Herzlichkeit und der Harmonie einstimmen, die die Engel verkörpern.
- Geben Sie sich in Ihrem Leben beständig dem Willen Gottes hin. Dies führt zu einem doppelten Segen: Sie kommen sowohl Ihrer göttlichen Blaupause näher als auch der Perfektion und der Heiligkeit der Engelwesen.

Dies sind nur einige Gedanken. Wenn Sie Ihre Lebensweise eingehend betrachten, können Sie weitere kreative Möglichkeiten der Verwandlung in Ihrem Leben erkennen, so dass mehr Raum für die Engel entsteht - und diese eintreten können.

Wenn wir daran arbeiten, mit den Engeln Beziehungen aufzubauen, ist es gut zu wissen, dass sie unsere Liebe erwidern. Es kann für unsere Kommunikation mit ihnen förderlich sein, dass wir, wenn wir sie um Hilfe bitten, gleichzeitig unsere Hingabe und Wertschätzung ihnen gegenüber zum Ausdruck bringen. Wir sollten auch nicht vergessen, dass die Engel, während wir auf unserem spirituellen Weg voranschreiten, von sich aus kommen werden, um mit uns zu kommunizieren. Je mehr Licht wir in unseren Chakren und unseren vier niederen Körpern speichern und je weniger negative Energie wir in unserer Aura haben, desto mehr fühlen sie sich von uns angezogen. Wir können unser Licht mehren und schneller auf unserem Weg vorankommen, wenn wir stets danach trachten, unsere Balance zu halten. Dies ermöglicht es uns wiederum, mehr Licht zu speichern. Zusätzlich segnen uns die Aufgestiegenen Meister und Engel höchstpersönlich und schenken uns Lichtschübe, um unseren Körper, unseren Geist und unser Wesen zu reinigen, zu heilen und emporzuheben. Wir können, um unseren Weg weiter zu beschleunigen und um unsere Fähigkeit, Licht zu speichern und die Engelscharen anzuziehen, noch zu verstärken, die Wissenschaft des gesprochenen Wortes, Meditationen oder andere spirituelle Praktiken einsetzen.

Neben all diesen Betrachtungen ist es hilfreich zu wissen, dass Sie mit den Engeln am effektivsten in Beziehung treten können, wenn Sie in Ihrem Herzen ein starkes Band zu ihnen aufbauen. Dies gelingt am besten, wenn Sie täglich mit ihnen kommunizieren. Die folgende Meditation ist für den Einstieg gut geeignet. Sie lädt dazu ein, sich für kurze Zeit aus der Hektik dieser Welt auszuklinken, um allein zu sein und sich einfach nur mit den Engeln zu unterhalten.

MEDITATION:
MIT DEN ENGELN IN KONTAKT TRETEN

1. Begeben Sie sich allein in einen Raum oder an Ihren Lieblingsplatz in der Natur. Versuchen Sie sicherzustellen, dass Sie ungestört bleiben.
2. Sprechen Sie die folgende kurze Anrufung:

"Im Namen meiner mächtigen ICH-BIN-Gegenwart und meines heiligen Christusselbst rufe ich den geliebten Erzengel Michael an. Baue ein

Kraftfeld des Schutzes um diese Meditation auf. Es werde nur Licht!"

3. Bauen Sie Ihr Kraftfeld des Schutzes auf, indem Sie aufstehen und die kurzen Dekrete "Säule des Lichts" und "Schutz auf Reisen" je dreimal sprechen:

Die ICH-BIN-Gegenwart

Säule des Lichts

Geliebte strahlende ICH-BIN-Gegenwart,
versiegele deine Säule aus Licht um mich,
das stammt von Aufgestiegener Meister
Flamme,
die ich jetzt anrufe in Gottes Namen.
Möge sie meinen Tempel freihalten
von aller Zwietracht, die man mir schicken
will.

ICH rufe an das violette Feuer,
alle Verlangen zu erhellen und zu verwandeln.
Es möge brennen im Namen der Freiheit,
bis ICH BIN eins mit der violetten Flamme.

Tube of Light

Beloved I AM Presence bright,
Round me seal your tube of light,
From ascended master flame
Called forth now in God's own name.
Let it keep my temple free
From all discord sent to me.

I AM calling forth violet fire
To blaze and transmute all desire,
Keeping on in freedom's name
Till I AM one with the violet flame.

Im Namen der geliebten, mächtigen, siegreichen Gegenwart Gottes, ICH BIN in mir, im Namen meines ureigensten, geliebten heiligen Christusselbst, im Namen des heiligen Christusselbst der gesamten Menschheit, des geliebten Erzengels Michael, im Namen des geliebten Lanello, des gesamten Geistes der Großen Weißen Bruderschaft und der Weltenmutter sowie im Namen der Elementarwelt – Feuer, Luft, Wasser und Erde – spreche ich folgendes Dekret:

Schutz auf Reisen

Erzengel Michael vorne!
Erzengel Michael hinten!
Erzengel Michael rechts von mir!
Erzengel Michael links von mir!
Erzengel Michael oben!
Erzengel Michael unten!

Erzengel Michael, Erzengel Michael,
wo auch immer ich geh'!

ICH BIN hier und jetzt Teil seiner
beschützenden Liebe!
ICH BIN hier und jetzt Teil seiner
beschützenden Liebe!
ICH BIN hier und jetzt Teil seiner
beschützenden Liebe!

Traveling Protection

Lord Michael before,
Lord Michael behind,
Lord Michael to the right,
Lord Michael to the left,
Lord Michael above,
Lord Michael below,
Lord Michael, Lord Michael wherever I go!

I AM his love protecting here!
I AM his love protecting here!
I AM his love protecting here!

Und in vollem Glauben akzeptiere ich ganz bewusst, dass dies genau hier und jetzt mit voller Kraft manifest, manifest, manifest (3 x) wird, dass es ewiglich erhalten wird, allmächtig aktiv ist, sich immer weiter ausbreitet und alle Welten umfasst, bis alle vollkommen ins Licht aufgestiegen und frei sind! Geliebter ICH BIN! Geliebter ICH BIN! Geliebter ICH BIN!"

4. Begeben Sie sich in eine bequeme Haltung.
5. Atmen Sie tief durch, bis Sie sich entspannt fühlen und zur Ruhe gekommen sind. Lassen Sie beim Ausatmen allen Stress und alle Anspannung in Ihrem Körper, Ihrem Geist und Ihren Emotionen los.
6. Richten Sie Ihre Aufmerksamkeit langsam auf Ihr Herz, und zentrieren Sie dort Ihr Bewusstsein.
7. Laden Sie die Engel ein, an Ihre Seite zu kommen, indem Sie sagen: "Im Namen meiner mächtigen ICH-BIN-Gegenwart rufe ich die Engel an, die mit mir arbeiten, und bitte sie, im Einklang mit dem Willen Gottes jetzt bei mir zu sein."

8. Schließen Sie die Augen. Stellen Sie sich vor, dass die Engel nahe bei Ihnen stehen. Kommunizieren Sie mit ihnen, entweder im Herzen oder laut. Erzählen Sie ihnen von Ihren Problemen, oder stellen Sie ihnen Fragen.
9. Lauschen Sie genau auf die Antwort der Engel. Seien Sie geduldig. Warten Sie, bis deren Anregungen sanft und unaufdringlich in Ihr Bewusstsein eintreten.
10. Danken Sie Ihren Engeln, dass sie bei Ihnen sind, und schicken Sie ihnen von Herzen Liebe. Erzählen Sie ihnen, wie dankbar Sie für ihren Besuch sind, und wünschen Sie ihnen alles Gute, bis Sie sich wiederbegegnen.
11. Beenden Sie Ihre Meditation, indem Sie das OM singen.
12. Öffnen Sie langsam die Augen.
13. Schreiben Sie in Ihrem Tagebuch die Gefühle, Gedanken, Anweisungen oder Inspirationen nieder, die Ihnen während dieser Meditation gekommen sind. Wiederholen Sie diese, wann immer Sie möchten, und

notieren Sie alles, was im Lauf der Zeit passiert und Ihnen ungewöhnlich oder anders erscheint.

Anrufungen an die Engel

Eine andere einfache Möglichkeit, um mit Engeln Kontakt aufzunehmen und zu arbeiten, besteht darin, sie anzurufen, wann immer Sie (oder ein anderer) Hilfe brauchen oder wann immer Sie an die Engel denken. Selbst wenn Sie pro Tag nur fünf Minuten beten, sich einem Gottesdienst widmen oder Dekrete sprechen, so ist dies ein großartiger Start, um eine Brücke zwischen Ihnen und den Engeln aufzubauen.

Engel halten Ausschau nach Menschen, die regelmäßig das Licht Gottes anrufen. Sie verlassen sich auf diese Seelen als Partner bei der großen Aufgabe, den Planeten und seine Bevölkerung zu heilen. Wenn einzelne Menschen kontinuierlich die Erzengel anrufen und die Engel um sie herum ein elektromagnetisches Feld anlegen, werden sie zu

Anhängern und Schülern dieser Himmelswesen. Diese Menschen merken dann, dass sie mit der Zeit immer mehr Licht aufnehmen können und dass ihr Kontakt mit den Engeln immer intensiver wird.

Vielleicht haben Sie selbst auch schon erlebt, wie Gesandte aus den Reihen der Engel in Ihr Leben eingegriffen haben, sogar ohne dass Sie diese angerufen hatten. Dies ist normalerweise der Fall, wenn sich zwischen Ihnen und Gott sowie seinen Engeln in diesem und in vergangenen Leben bereits eine dauerhafte Beziehung entwickelt hat, selbst wenn Sie sich dieser nach außen hin nicht unbedingt bewusst sind. Sie können von den Engeln auch Hilfe erhalten, wenn Ihre Seele auf der Ebene des Unterbewusstseins nach Gott schreit. Das Gebet eines aufrichtigen Herzens, das noch nicht in Worte gefasst ist, kann ebenfalls Gottes Herz erreichen und eine augenblickliche Antwort erhalten. Diese hohen Wesen beantworten sogar das Gebet eines echten Verlangens. Haben Sie beispielsweise den alles verzehrenden Wunsch, den Schmerz und das Leid eines geliebten Menschen zu lindern, so erkennt Gott dies und schickt seine Engel zu Hilfe. Doch auch wenn die Engel selbst auf unausgesprochene Gebete oder inbrünstige, aufrichtige Wünsche reagieren, so können Sie doch eine noch stärkere Reaktion bewirken, wenn Sie laut zu ihnen sprechen.

Wir können die Engel anrufen und um nahezu alles bitten. Solange unsere Bitten positiv und im Einklang mit dem Willen Gottes sind, solange sie andere nicht verletzen und nicht in den Lebensplan eines anderen eingreifen, werden diese göttlichen Botschafter auf den Ruf antworten und zu Ihren Gunsten handeln. Auch wenn sie unsere Gebete ausnahmslos beantworten, so erfolgt dies durchaus nicht immer so, wie wir es uns vorgestellt haben – oder auch zu genau dem Zeitpunkt, an dem wir es wünschen. Die Engel werden auf die ihnen bestmögliche Weise helfen und dabei Gottes Willen, unser Karma sowie unseren göttlichen Plan berücksichtigen. Wir erhalten also immer in dem Rahmen Hilfe, in dem es für unsere Seele am besten ist, sowie in Übereinstimmung mit dem göttlichen "Timing".

Wie bereits zuvor festgestellt, respektieren die Engel den freien Willen. Sie mischen sich nicht in eine Situation ein, sofern sie nicht ausdrücklich darum gebeten werden. Der Aufgestiegene Meister Saint Germain lehrte uns: "Denkt daran, nicht zu vergessen - *nicht zu vergessen* -, die Engel zu beauftragen, *nicht zu vergessen*, sie zu schicken, anzuweisen, zu lieben, ihnen Aufträge zu erteilen, sie zu erleuchten und euch von ihnen erleuchten zu lassen, nicht zu vergessen, dass auch ihr Altäre des höchsten Gottes hütet."[15] Als Lichtträger müssen wir das Licht Gottes auf dem Altar unseres eigenen Herzens sowie in unserem Planeten hüten. Indem wir die Engelscharen und die Aufgestiegenen Meister anrufen, können wir das Licht, das wir in uns speichern, verstärken und mehr Licht auf die Erde bringen. Wir können diese Himmelswesen beispielsweise darum bitten, den Krieg zu beenden, den Armen zu helfen oder mitzuhelfen, eine Heilmethode für eine bestimmte Krankheit zu finden. Wir können Millionen von Engeln anrufen, die nur darauf warten, zur Arbeit gerufen zu werden.

Wenn Sie sich über die neuesten Nachrichten informieren und täglich Anrufungen zu den aktuell geschilderten Situationen sprechen, können Sie diese Engel zu Brennpunkten rund um den Globus schicken. Damit werden Sie zum aktiven Mitglied Ihrer Gemeinde und der Erde. Sie können die Engel beispielsweise darum bitten, ein drohendes Unwetter abzuwenden, indem Sie etwa eine Anrufung nach folgendem Muster sprechen:

> "Im Namen Christi rufe ich die Engel an und bitte sie, die Kontrolle über den Hurrikan vor der Küste Floridas zu übernehmen. Schickt ihn zurück aufs Meer, dorthin, wo er keinen Schaden anrichten kann. Tröstet und helft all den Wesen, die von diesem Hurrikan bedroht und betroffen sind, und helft allen auf der Welt, die sich in ähnlichen Situationen befinden. Ich akzeptiere dies gerade jetzt als mit voller Kraft und im Einklang mit dem Willen Gottes geschehen. Amen."

Die Engelscharen anzurufen ist auch eines der effektivsten Mittel, all die Herausforderungen im Leben, von der einfachsten bis hin zur extremsten, anzugehen. Sie beantworten Gebete ganz präzise. Je spezifischer daher die Bitte formuliert ist, desto exakter wird die Antwort ausfallen. Wollen Sie beispielsweise aufhören zu rauchen oder das Problem einer Depression angehen, und Sie erwähnen diesen besonderen Umstand in Ihrer Anrufung an die Engel, dann werden sie kommen und genau diese Bitte erfüllen. Eine effektive, spezifische Anrufung an die Engel kann so einfach und schnell sein wie die folgende:

> "Im Namen meiner mächtigen ICH-BIN-Gegenwart und meines heiligen Christusselbst rufe ich die Engel des siebten Strahles an und bitte sie, mir zu helfen, bei meiner Besprechung, die ich heute Morgen um 10 Uhr mit meinen Kollegen habe, gnädig, höflich und taktvoll zu sein."

Wir können diesen Anrufungen auch dynamische Dekrete hinzufügen, und Engelswesen mit einem gewaltigen Licht werden herbeieilen, um sie zu erfüllen. Saint Germain wies uns an, "das feurige Dekret einzusetzen, nicht nur gechantete Worte, wie ich sie manchmal vernehme. Sprecht mit einer Inbrunst des Herzens, die die höchsten Engel des Himmels wahrhaftig antreibt, die Zentralsonne, die sie hüten, zu verlassen, um zu schauen, wo es denn jetzt wieder auf dem Planeten Erde brennt."[16] Er sagte auch: "Die Engel beginnen ihren Dienst, sobald die Worte aus eurem Mund kommen. Kaum ist das Dekret gesprochen, da stürmen auch schon Scharen von Engeln vorwärts, um das Fiat zu erfüllen."[17] Von solchen Ermutigungen beflügelt, scheint es nur logisch, die Anrufungen an die Engel zu einer der wichtigsten Sachen in unserem Leben zu machen.

Ein praktischer Zehn-Stufen-Plan

Es gibt viele einfache Arten, um mit Engeln zu arbeiten. Elizabeth Clare Prophet hat einen praktischen Zehn-Stufen-Plan ausgearbeitet, der sich leicht umsetzen und anwenden lässt. Sie werden feststellen, dass er eine Zusammenfassung aus vielen Ratschläge ist, die in diesem Buch bereits vorgestellt wurden. Eine ausführliche Beschreibung dieser Schritte finden Sie in dem Büchlein *Mit Engeln arbeiten*.

Zehn Tipps für die Arbeit mit Engeln

1. Schaffen Sie in Ihrem Leben Raum für die Engel. Reinigen Sie Ihr Bewusstsein von

allem Negativen, von Lärm und Ablenkungen, und die Wahrscheinlichkeit steigt, dass die Engel zu Ihnen kommen werden.

2. Beten Sie laut. Wenn Sie laut beten, wann immer dies möglich ist, erhalten Sie auch eine kräftigere Antwort. Dies ist eine tief verwurzelte Wahrheit, die hinter der Wissenschaft des gesprochenen Wortes steckt.
3. Benutzen Sie den Namen Gottes: ICH BIN DER ICH BIN. Damit rufen Sie Gottes Energie und sein Bewusstsein an, das in Ihrer ICH-BIN-Gegenwart individuell ausgepragt ist. Somit öffnen Sie dem Licht ein Ventil und ermöglichen den größtmöglichen Durchfluss.
4. Sprechen Sie Ihre Gebete und Dekrete täglich. Selbst einige wenige Minuten am Tag reichen aus, um eine starke Verbindung zu den Engeln herzustellen.
5. Bitten Sie um Hilfe. Das Gesetz des freien Willens erfordert es, dass Sie die Engel bitten müssen, auf die physische Ebene zu kommen, um Ihnen in Ihrem Leben weiterhelfen zu können.

6. Wiederholen Sie die Dekrete und Gebete. Je öfter Sie Ihre Dekrete und Gebete wiederholen, desto mehr Lichtenergie senden Sie den Engeln, die diese in eine Antwort für Sie investieren können.
7. Wählen Sie für Ihr Gebet den richtigen Adressaten. Rufen Sie die Engel auf dem spirituellen Strahl an, der Ihrer Bitte am besten entspricht.
8. Seien Sie spezifisch. Je spezifischer Sie Ihre Bitte formulieren, desto spezifischer werden die Engel bei ihrer Antwort sein.
9. Visualisieren Sie, was geschehen soll. Sehen Sie ein klares Bild dessen, was Sie sich wünschen, vor Ihrem geistigen Auge. Dies verleiht Ihrer Bitte mehr Nachdruck.
10. Machen Sie sich auf Überraschungen gefasst. Die Engel geben Ihnen, darauf basierend, was zu diesem Zeitpunkt am besten für Ihre Seele ist, die bestmögliche Antwort – und es mag nicht immer genau das sein, was Sie erwartet haben.

Sie können einen großen Fortschritt bei Ihrer Kommunikation mit den Engeln machen, wenn Sie diese Schritte beachten. Der Engel, der Ihnen am nächsten steht, ist Ihr Schutzengel.

Schließen Sie Freundschaft mit Ihrem Schutzengel

Jede Seele des Lichts hat einen Schutzengel als einzigartigen, ganz persönlichen Mentor. Dieser Schutzengel wandelt und unterhält sich mit Ihnen, korrigiert Sie, dringt in Ihr Bewusstsein ein, erinnert Sie daran, dass Sie eine schlechte Angewohnheit ablegen sollten, und ermahnt Sie, Menschen zu meiden, die Ihrer Mission im Leben eher schaden. Gott hat Ihnen diesen Engel als persönlichen Lehrer zugeteilt - und dieser Lehrer wird Sie Ihr Leben lang begleiten, bis Sie im Seelenaufstieg schließlich die Wiedervereinigung mit Gott erlangt haben.

Die Anweisungen, die Sie von Ihrem Schutzengel erhalten, sind unfehlbar. Schutzengel können Tausende von Jahren in die Vergangenheit blicken -

und Tausende von Jahren in die Zukunft. Sie wissen, was passieren wird. Wenn Sie sie fragen, werden sie es Ihnen erzählen - wenn Sie Ihre Ohren offen halten. Wenn Sie dem Rat Ihres Engels folgen, werden Sie auf Ihrem spirituellen Pfad bleiben. Sie sind dann auf dem besten Weg zu einem gewaltigen Sieg in diesem Leben.

Es kann sein, dass die sieben Erzengel einem Menschen als Antwort auf seine Gebete viele Engel schicken. Es kann sogar vorkommen, dass einem bestimmten Menschen zu einem bestimmten Moment Dutzende von Engeln helfen. Der Schutzengel ist der Koordinator all dieser Engel. Er weiß genau, was die Seele braucht und wie sie das Licht, das die anderen Engel bringen, am besten nutzen kann.

Ihr Schutzengel arbeitet mit "Speicherengeln", das sind Engel, die Ihre Gedanken, Worte, Taten und Gefühle, ja sogar Ihre Herzensneigung aufzeichnen. Diese Aufzeichnungen werden von einem Wesen, dem "Hüter der Schriftrollen", aufbewahrt. Dieser führt Buch über alles, was Sie jemals getan haben, seitdem Sie hier unten materielle Gestalt angenommen haben. Dies stimmt mit der Vorstellung des Islams überein, bei dem manche Engel als "fromme Reisende" beschrieben werden, die das Land überprüfen und Allah alles berichten, was sie beobachten.

Viele Weltreligionen haben gelehrt - und tun dies auch heute noch -, dass jedem Menschen ein Schutzengel zugeteilt ist, dessen Aufgabe es ist, das ganze Leben lang über diesen Menschen zu wachen und für ihn zu sorgen. Wie bereits erwähnt, lehrt der Islam, dass jeder Mensch vier Schutzengel besitzt. Die katholische Kirche lehrt, dass jede gläubige Seele ihren persönlichen Schutzengel hat, der sie beschützt, lenkt und als Mittler zwischen jener Seele und Gott agiert. Die Katholiken werden angehalten, sich mit einem schlichten Gebet an ihren Engel zu wenden:

Angele Dei,
qui custos es mei,
me, tibi commissum pietate superna,
illumina, custodi,
rege et guberna.
Amen.

(Engel Gottes, du mein Beschützer, dir bin ich befohlen durch Gottes Güte. Erleuchte mich, regiere mich! Bewahre mich und führe mich! Amen.)

Vergessen Sie nicht, wenn Sie zu Ihrer Alltagsroutine übergehen und mit den kleinsten und größten Herausforderungen konfrontiert werden, die zu unserem Leben einfach dazugehören, Ihren Schutzengel anzurufen - Ihren besten Freund im Himmel!

2.

Die Sendboten Mark L. und Elizabeth Clare Prophet

Mark L. Prophet wurde 1918 an Heiligabend in Chippewa Falls im amerikanischen Staat Wisconsin geboren. Er war ein Einzelkind, und sein Vater starb, als er neun Jahre alt war. Er wurde daraufhin allein von seiner Mutter aufgezogen, einer sehr frommen Frau. Nach dem Tod seines Vaters zeigte Mark über Jahre hin eine außergewöhnliche Hingabe an Gott und betete täglich stundenlang an einem Altar auf dem Dachboden. Noch bevor er seine Schulzeit beendet hatte, empfing er die Gaben des Heiligen Geistes.

Mark war etwa 17 Jahre alt, als der Aufgestiegene Meister El Morya erstmals Kontakt zu ihm aufnahm. Er arbeitete in jenem Sommer beim Gleisbau und trieb Nägel in einen Streckenabschnitt. Als Mark den Hammer über seinen Kopf hob, nahm ihn El Morya mit in eine andere Dimension und sagte, er würde ihn jeden Tag besuchen, um ihn zu unterweisen und um ihm einige Geheimnisse des Lebens zu enthüllen. Was wie eine fünfminütige Begegnung wirkte, dauerte in Wirklichkeit nur den Bruchteil einer Sekunde. Mark glaubte, die heiße Sonne hätte bei ihm Halluzinationen ausgelöst, doch am nächsten Tag erhielt er ein Telegramm von El Morya, in dem dieser die Einzelheiten der Begegnung bestätigte.

Aufgrund seiner fundamentalistischen Erziehung begann Mark schließlich, daran zu zweifeln, ob El Moryas Lehren mit dem christlichen Glauben vereinbar seien. Daher schickte er den Meister weg. Morya beugte sich seinem Wunsch und sagte: "Wie du es befohlen hast, mein Sohn, so soll es geschehen." Jahre später erkannte Mark, dass die Doktrinen der orthodoxen Kirchen nicht immer mit den Lehren übereinstimmten, die der Heilige Geist in sein Herz pflanzte. Er erkannte, dass er einen Fehler begangen hatte, als er El Morya wegschickte, und beschloss, ihn aufzuspüren. Wenig später kehrte der Meister zurück, um die Unterweisung Marks fortzusetzen.

Zwischen 1952 und 1958 schrieb Mark eine Reihe von Briefen von El Morya nieder, die sogenannten *Ashram Notes* (Die Ashram-Notizen). Sie enthalten tiefgründige Lehren und eine Reihe von Ritualen, die dazu bestimmt sind, Menschen zu helfen, ihr Bewusstsein zu erhöhen und das Leiden in der Welt zu lindern. 1958 gründete Mark gemäß El Moryas Anleitung das *Summit Lighthouse*, um die Lehren der Aufgestiegenen Meister zu veröffentlichen. Bald begann er, wöchentlich Anweisungen von den Meistern zu veröffentlichen, die *Pearls of Wisdom* (Perlen der Weisheit), die heute noch verlegt werden.

Seit 1960 hielt er vierteljährliche Konferenzen, um Botschaften der Aufgestiegenen Meister weiterzugeben, die sogenannten "Diktate", und deren Lehren zu erklären. 1961 gründete er unter der Anleitung des Aufgestiegenen Meisters Saint Germain die *Keepers of the Flame Fraternity* (Bruderschaft der Hüter der Flamme). 1961 begegnete Mark auch seiner Zwillingsflamme und zukünftigen Ehefrau Elizabeth Clare Wulf.

Elizabeth wurde 1939 in Red Bank im amerikanischen Staat New Jersey als Tochter eines deutschen Vaters und einer Schweizer Mutter geboren. Ihre spirituelle Suche wurde durch eine Kindheitserinnerung an ein früheres Leben in Ägypten entfacht. Sie besuchte die katholische Kirche und die jüdische Synagoge sowie alle protestantischen Kirchen in Red Bank und studierte später die Lehren von Mary Baker Eddy. Sie studierte auch die Schriften von Mohandas Gandhi, Albert Schweitzer und Norman Vincent Peale, die ihre zeitgenössischen Idole waren. Sie machte den Abschluss ihrer Französischstudien in der Schweiz, besuchte das Antioch College in Yellowsprings im amerikanischen Staat Ohio und absolvierte den Hochschulabschluss in den politischen Wissenschaften an der Bostoner Universität.

Im Alter von 18 Jahren hatte Elizabeth ein Erlebnis, das ihr Leben veränderte. Sie schlug ein Buch auf und sah ein Bild des Aufgestiegenen Meisters Saint Germain. Sie schaute ihm in die Augen und erkannte in ihm "den ältesten Freund, den ich überhaupt habe". Sie war wie elektrisiert von diesem Erlebnis. Sie erkannte, dass sie die Mission hatte, für Saint Germain zu arbeiten. "Diesen Meister muss ich finden", sagte sie. "Ich muss für ihn arbeiten."

Am 22. April 1961 besuchte sie ein Treffen des *Summit Lighthouse*, wo sie Mark Prophet traf. Obgleich ihre Verbindung schon ewig bestand und sie in den ätherischen Rückzugsorten miteinander gearbeitet hatten, kennzeichnete diese Begegnung den Beginn ihrer gemeinsamen Mission im Außen in diesem Leben. In Wirklichkeit hatten sie eine Mission als Zwillingsflammen. Diese bleibt dauerhaft bestehen, ob sie nun körperlich gerade zusammen sind oder nicht.

Die Aufgestiegenen Meister haben enthüllt, dass Mark und Elizabeth inkarnierte Engel sind, die auf dem blauen Strahl als *Chelas* (Schüler)[18] ihres geliebten Gurus El Morya dienen. Sie waren zusammen mit Jesus als der Apostel Markus und Martha von Bethanien inkarniert. Sie dienten auch gemeinsam als Echnaton und Nofretete, Lancelot und Guinevere, König Clovis und Königin Clotilde von Frankreich, als das Indianerpaar Hiawatha und Minnehaha, als Ludwig XIV. und seine Frau Maria Theresa - um nur einige der bekannteren Inkarnationen zu nennen. Diese Leben zeigen, dass schwere Zeiten, Initiationen und Siege gleichermaßen zur Seelenentwicklung von Zwillingsflammen gehören. Die gemeinsame Mission von Mark und Elizabeth in diesem Leben bildete den Höhepunkt all ihrer vergangenen Leben, ob sie diese nun gemeinsam oder getrennt verbracht hatten.

Mark und Elizabeth heirateten 1963 und hatten vier Kinder. Unter El Moryas Anleitung bildete Mark Elizabeth zu einer Sendbotin aus. Im Juli 1964 ernannte Saint Germain sie zur Sendbotin der Großen Weißen Bruderschaft. Gemeinsam bauten sie das *Summit Lighthouse* mit einer Handvoll Anhängern zu einer weltweiten Organisation auf. 1971 gründeten sie für diejenigen, die die mystischen Pfade der Weltreligionen studieren und tieferes Wissen über die Lehren der Aufgestiegenen Meister erlangen wollen, die *Summit University*.

Seit Beginn ihrer Ehe erzählte Mark Elizabeth, dass er nicht lange bei ihr bleiben werde. Er arbeitete unablässig, um die Lehren der Aufgestiegenen Meister zu veröffentlichen, und legte den Grundstein für sein Werk, das sie später fortführen sollte. Sie verbrachten zwölf Jahre miteinander. Dann, am 26. Februar 1973, starb Mark

Prophet an einem Schlaganfall. Er hatte 71 Prozent seines Karmas ausgeglichen und im Verlauf seiner zahlreichen Leben im Dienste der Großen Weißen Bruderschaft[19] die Meisterschaft erlangt. Nach seinem Tod vereinte er sich im Ritual des Seelenaufstiegs wieder mit Gott und ist heute als der Aufgestiegene Meister Lanello bekannt. Sein ätherischer Rückzugsort befindet sich über Bingen am Rhein in Deutschland.

Lanello hat sein restliches Karma auf den inneren Ebenen immer weiter ausgeglichen, bis es am 26. Februar 1997 zu 100 Prozent ausgeglichen war. Sowohl er als auch Elizabeth ermutigen spirituell Suchende intensiv, so viel Karma wie möglich auszugleichen, solange sie noch inkarniert sind. Im Einklang mit anderen Aufgestiegenen Meistern warnen sie davor, dass es zehnmal schwerer ist, es von den inneren Ebenen aus auszugleichen.

Im Juli 1977, vier Jahre nach Marks Seelenaufstieg, überreichte der Buddha Padma Sambhava Elizabeth Clare Prophet die Robe des Gurus. Einen Monat später verlieh ihr der Aufgestiegene Meister Konfuzius den Titel *Guru Ma*. Eine Robe ist ein Energiegitter oder Kraftfeld spirituellen Lichts, ein Energiemantel, den jemand auf den inneren Ebenen trägt, der von der Großen Weißen Bruderschaft oder von einem Aufgestiegenen Meister gefördert wird. Am 20. Februar 1997 bemerkte Elizabeth Clare Prophet zu dieser Robe: "Die Robe des Gurus steht an Stelle des heiligen Christusselbst, bis der Chela die Vereinigung mit dem Christus erlangt hat." Sie sagte auch, dass das Tragen dieser Robe des Gurus sie dazu befähigt, uns dabei zu helfen, unseren Weg zurück zu Gott zu finden. Manchmal nannten ihre Schüler sie "Mutter", weil sie sich Gott hingab wie eine Mutter; es ist ähnlich wie bei Ordensschwestern oder Priestern, die "Mutter" oder "Vater" genannt werden.

Zu ihrer Mission äußerte sich Elizabeth ganz bescheiden und einfach: "Als Sendbotin Gottes sehe ich mich als Dienerin von Gottes Licht in euch."[20] Weiter fuhr sie fort: "Mein Sinn im Leben ist es, allen Menschen zu helfen, ihre eigene Gotteswirklichkeit kennenzulernen (...) um echte Suchende (...) auf die Bewusstseinsebenen zu heben, wo sie ihren Lehrern von Angesicht zu Angesicht begegnen können."[21] Ein andermal sagte sie: "Der einzige Weg, um zu Gott zu kommen (...) führt durch die Flamme in eurem Herzen. Ich kann das nicht für euch tun. Nicht einmal die Aufgestiegenen Meister können es für euch tun. Sie kommen, um euch zu helfen, es selbst zu tun. Die Lehren der Aufgestiegenen Meister in diesem Zeitalter sind ein 'Do-it-yourself-Bausatz'. Sie liefern uns die Anleitung, die Formel. Doch es passiert erst etwas, wenn *wir* es tun."[22]

Mit großen persönlichen Opfern widmeten Mark und Elizabeth Prophet ihr Leben der Mission, das Wissen um die "individualisierte Christusschaft" zu verbreiten. Gemeinsam haben sie über 3.000 Diktate geliefert und mehr als 50 Bücher veröffentlicht. Sie haben sechs Kontinente bereist und dort Vorträge gehalten sowie unzähligen Personen liebevollen Rat und Führung geschenkt. Sie sind Mystiker, Lehrer, Pioniere der modernen Spiritualität sowie herausragende Beispiele für Seelen, die diesen Pfad der persönlichen Christusschaft beschritten haben. Sie sind dem Weg gefolgt, der von den Aufgestiegenen Meistern vorgezeichnet wurde, haben die Gaben des Heiligen Geistes empfangen und sich mit ihrem Christusselbst verbunden.

1995 bekam Elizabeth mit ihrem damaligen Ehemann Edward Francis ein fünftes Kind. 1999 trat sie aus gesundheitlichen Gründen in den Ruhestand und zog sich aus dem öffentlichen Leben zurück. Am 15. Oktober 2009 vollzog sie ihren Übergang in die Reiche des Lichts. Obgleich Mark und Elizabeth aufgestiegen sind, hat ihr Leben Spuren hinterlassen sowie ein Vermächtnis von Lehren der Aufgestiegenen Meister, das uns alle ins Wassermannzeitalter begleiten wird.

Viele Schüler dieser Meister berichten auch, dass sie mit Mark und Elizabeth auf inneren Ebenen in Träumen und Visionen tiefe Erfahrungen gemacht haben.

Der Aufgestiegene Meister Lanello ist als der "ewig gegenwärtige Guru" bekannt. Er versteht die Herausforderungen, mit welchen wir konfrontiert sind, und erinnert uns daran, um seine Hilfe zu bitten: "Vergesst nicht, mich anzurufen, denn Lanello ist mein Name!" Er spornt uns auch an, unser Bewusstsein anzuheben sowie zu erweitern und unsere eigene Göttlichkeit zu erkennen, indem wir das folgende Mantra wiederholen. Er selbst sagt: "Ich bin dankbar für das Mantra, das Gott mir geschenkt hat. Dieses Mantra müsst ihr auch wiederholen: 'Seht, ICH BIN überall im Bewusstsein Gottes!'"[23] Lanello hat uns außerdem aufgefordert, das Mantra mit seiner Zuversicht zu sprechen: "Wenn ihr euch dieses Mantra zu eigen macht, werdet ihr schnell eine neue Meisterschaft erlangen."[24] .

"Seht, ICH BIN überall im
Bewusstsein Gottes!"

3.

Die befreiende Kraft des Wortes

Rufen Sie die Erzengel herbei

Das Gesetz des freien Willens erfordert es, dass wir die Engel und Erzengel darum bitten müssen, wenn sie in unserem Leben in Aktion treten sollen. Wir können dies in der Stille unseres Herzens, durch Gebete, Dekrete und alle Formen der Wissenschaft des gesprochenen Wortes tun. In der Tat sind bestimmte Fiats äußerst effektiv, um die Erzengel herbeizurufen. Wir können auch ein spezielles Dekret an Erzengel Michael sprechen, das nicht nur dazu bestimmt ist, ihn an unsere Seite zu rufen, sondern auch dazu dient, uns Zugang zu seiner Robe des Schutzes und des Lichtes zu gewähren. Mit der Unterstützung dieser Himmelswesen kann unser Leben wunderbar gesegnet sein.

So rufen Sie die Erzengel und Erzengelinnen in Aktion

Die sieben Erzengel selbst haben uns ein ungeheuer mächtiges Werkzeug für unseren spirituellen Pfad geschenkt. Wenn wir jeden der sieben Erzengel und ihre Erzengelinnen neunmal rufen, so können diese aktiv in unser Leben treten und die Vorgänge auf der ganzen Welt beeinflussen. Bevor Sie diese Reihe von Fiats sprechen, können Sie sich in Bezug auf jede erdenkliche Situation, in der man von ihrem Dienst profitieren könnte, mit spezifischen Anrufungen an sie wenden. Sie könnten zum Beispiel um mehr Harmonie in Ihrer Familie bitten, um die Wahl der richtigen Menschen in den Beirat der Schule vor Ort oder um die Beendigung der

Unruhen im Mittleren Osten. Kein Situation, die eine Lichtinfusion gebrauchen könnte, ist zu unbedeutend oder zu groß um die Unterstützung der Engel zu erhalten. Die Erzengel und ihre Engelscharen warten auf Ihre Gebete, damit sie ihr Licht über all die Dinge ausgießen können, auf die Sie sie aufmerksam machen. Sie werden die Situation gewiss nicht so belassen, wie sie sie vorgefunden haben!

Sie könnten sich auch dafür entscheiden, sich jeweils einen Strahl auszusuchen und die Erzengel, die auf ihm dienen, anzurufen. Erzengel Michael und Faith auf dem ersten Strahl werden Ihnen beispielsweise umgehend antworten, wenn Sie die folgende Anrufung mit Inbrunst und Ihrer ungeteilten Aufmerksamkeit sprechen:

Erzengel Michael und Faith! (9x)

Übung zum gesprochenen Wort: Fiats an die sieben Erzengel

Elizabeth Clare Prophet empfahl, die gesamte Reihe der Fiats an die Erzengel und Erzengelinnen mit dem Eifer Ihres ganzen Seins zu sprechen, um die Engel zu erreichen und dazu zu bewegen, unfehlbar in Aktion zu treten.

Sprechen Sie die folgenden Fiats an die sieben Erzengel und Erzengelinnen jeweils neunmal voller Inbrunst und indem Sie sich dabei auf Ihre Chakren konzentrieren.

Erzengel Michael und Faith! (9x)
Erzengel Jophiel und Christine! (9x)
Erzengel Chamuel und Charity! (9x)
Erzengel Gabriel und Hope! (9x)
Erzengel Raphael und Mutter Maria! (9x)
Erzengel Uriel und Aurora! (9x)
Erzengel Zadkiel und Amethyst! (9x)

Mutter Maria und die sieben Erzengel haben erklärt, wie man diese Serie von Fiats spricht: "Wenn ihr dies jeden Morgen und jeden Abend sprecht, wird es nicht nur zu einer kraftvollen Bewusstseinserhöhung auf dem gesamten Planetenkörper kommen, es werden auch viele Lichtseelen durch unsere Mutterflammen gerettet werden. Nicht nur die Erzengel, sondern auch die Erzengelinnen werden sich mit euch bewegen. Wenn ihr diese Anrufungen gewissenhaft sprecht und dies täglich tut, werdet ihr mitten unter den Wundern Gottes und den Engelscharen dienen. Ihr werdet erleben, wie viel Finsterem und Bösem im Außen in diesem Land und auf der ganzen Welt Einhalt geboten wird, weil ihr so fest entschlossen seid."[25] Schüler, die diese Fiats angewendet haben, wissen, dass sie, wenn sie diese regelmäßig sprechen, immer mehr Kraft und Licht herabziehen können, um in ihrem Leben, in ihrer Gemeinde und in der Welt Positives zu bewirken.

Unterstellen Sie sich dem Schutz von Erzengel Michael

Ein weiteres kraftvolles Dekret an Erzengel Michael, das Sie im täglichen Leben einsetzen können, heißt *ICH BIN Michael, Michael, Michael!* Dieses Dekret hilft Ihnen, die elektronische Präsenz von Erzengel Michael anzulegen. Die "elektronische Präsenz" eines Engels oder Aufgestiegenen Meisters ist das elektromagnetische Energiefeld, Licht und heilige Feuer, das dieser aufgebaut, aufrechterhalten und auf seinem spirituellen Pfad vergrößert hat. Es ist die lebendige Gegenwart dieses Engels oder Meisters. Einfach ausgedrückt: Es ist ein Duplikat seines Bewusstseins, das er über jemanden legen kann.

Elizabeth Clare Prophet sagte, dass wir manchmal auch unsere elektronische Präsenz verdoppeln. Stellen Sie sich die Situation eines Ferngesprächs mit einem engen Freund oder mit Familienangehörigen vor. Sie wissen, wo der Betreffende sich gerade zu Hause aufhält und können ihn deutlich visualisieren. Sie schicken ihm von Herzen Liebe, und es ist fast so, als seien Sie selbst vor Ort. Vielleicht sagt Ihr Gesprächspartner sogar: "Ich kann dich spüren. Es ist, als wärst du hier bei mir." Dies liegt nicht nur daran, dass er Ihre Stimme hört. Es geschieht, weil Sie Ihre Aura dorthin projiziert haben, wo sich der andere gerade befindet.

Da die Engel und Aufgestiegenen Meister ein erweitertes Bewusstsein haben und sehr empfindsam sind, was die Entwicklung jeder einzelnen Seele betrifft, werden sie den Bittsteller nur mit so viel Kraft ihres Wesens umgeben, wie ein Mensch ihrem Wissen und wissenschaftlichen Verständnis nach aushalten kann. Sie werden die Stromkreise des Systems des betreffenden Individuums nicht überlasten. Sie können sich also sicher fühlen, wenn Sie um die elektronische Präsenz von Erzengel Michael (oder eines aufgestiegenen Wesens) bitten, ohne Angst oder Bedenken haben zu müssen, dass Sie mehr Licht erhalten könnten, als Ihre Chakren, Ihr Bewusstsein oder Ihre vier niederen Körper aufnehmen können. Er wird das Licht auf ein Maß heruntertransformieren, das für Sie angenehm ist und das Sie auch aufnehmen können.

Eine weitere bemerkenswerte Tatsache ist, dass ein Meister aus der Warte seiner aufgestiegenen Position heraus seine elektronische Präsenz so oft vervielfältigen kann, wie es erforderlich ist als Antwort auf die Gebete all derjenigen, die ihn anrufen. Wenn hundert, tausend oder auch eine Million Seelen alle zugleich einen Meister anrufen, kann er seine elektronische Präsenz immer noch über jeden Einzelnen legen. Dies entspricht der Vorstellung, die von Lanello vertreten wird: "Seht, ICH BIN überall im Bewusstsein Gottes!" Da die Aufgestiegenen Meister bereits mit Gottes Bewusstsein eins sind, ist es für sie ein Leichtes, überall zugleich zu sein oder sich selbst unzählige Male zu vervielfältigen.

Dass man die elektronische Präsenz eines Erzengels anlegen kann, ist eine spirituelle Tatsache. Wenn Sie sagen: "ICH BIN Michael, Michael, Michael!", so verwenden Sie den Namen Gottes ICH BIN, um zu bestätigen, dass Erzengel Michaels spirituelles Kraftfeld des Lichts und des Schutzes mit Ihren vier niederen Körpern kongruent ist. Sie können auch Erzengel Michael bitten, er möge seine elektronische Präsenz über alle Seelen auf

Erden stellen und dabei Gottes Licht verbreiten und die Menschen inspirieren, höher aufzusteigen und ein besseres Leben zu führen.

Die Vorstellung, dass man die elektronische Präsenz von Erzengel Michael anlegt, wird sogar in der Bibel dargestellt. Elizabeth Clare Prophet sagte, dass der Verfasser des Psalms 91,4 von Erzengel Michael sprach, als er schrieb: "Er wird dich mit seinen Fittichen decken, und deine Zuversicht wird sein unter seinen Flügeln. Seine Wahrheit ist Schirm und Schild."

Die Beschreibung des Psalmisten ist geeignet, um sich die Lichtstrahlen vorzustellen und zu visualisieren, die von Erzengel Michael ausstrahlen und Sie völlig umhüllen, während Sie das folgende Dekret zu ihm sprechen. Visualisieren Sie, wie Erzengel Michael über Ihnen steht. Bei jedem einzelnen Satz, den Sie sprechen, können Sie visualisieren, wie sein Licht wächst und Sie umfließt - entsprechend den Mustern, die Ihre Worte bilden, während Sie sie sprechen.

ICH BIN Michael, Michael, Michael

Im Namen der geliebten, mächtigen, siegreichen Gegenwart Gottes, ICH BIN in mir, im Namen meines ureigensten, geliebten heiligen Christusselbst, im Namen des heiligen Christusselbst der gesamten Menschheit, des geliebten Erzengels Michael und der Erzengelin Faith sowie ihrer Engel des blauen Blitzes, im Namen des geliebten Lanello, des gesamten Geistes der Großen Weißen Bruderschaft und der Weltenmutter sowie im Namen der Elementarwelt – Feuer, Luft, Wasser und Erde – spreche ich folgendes Dekret:

ICH BIN Michael, Michael, Michael!
Ich stehe inmitten seiner Flamme.
ICH BIN Michael, Michael, Michael!
Durch Gottes eigenen Namen "ICH BIN".
ICH BIN Michael, Michael, Michael!
Sein Glaube brennt hier lichterloh.
ICH BIN Michael, Michael, Michael!
Seine Kraft und Liebe sind so teuer!

ICH BIN Michael, Michael, Michael!
Dem Licht und der Liebe beug' ich mich.
ICH BIN Michael, Michael, Michael!
Den Glauben gelob' ich zu verteidigen.
ICH BIN Michael, Michael, Michael!
Das Licht der Menschen berufe ich ein.
ICH BIN Michael, Michael, Michael!
Amerika, verteidige dich!

ICH BIN Michael, Michael, Michael!
Seinen Schild des Glaubens trage ich.
ICH BIN Michael, Michael, Michael!
Seinen Kreis und sein Schwert trage ich.
ICH BIN Michael, Michael, Michael!
Gerüstet mit seiner Liebe.
ICH BIN Michael, Michael, Michael!
Blauer Blitz von oben!

ICH BIN Michael, Michael, Michael!
Geschützt durch sein Schwert.
ICH BIN Michael, Michael, Michael!
Der Fürst des Herrn.
ICH BIN Michael, Michael, Michael!
Seine Scharen kommen nun herab.
ICH BIN Michael, Michael, Michael!
Ich verteidige jedes Kind des Lichts!

Und im vollen Glauben akzeptiere ich bewusst, dass dies eben hier und jetzt mit voller Kraft manifestiert, manifestiert, manifestiert (3 x)*, auf ewig aufrechterhalten, allmächtig aktiv werde und sich immer weiter ausbreite sowie die Welt umfassen möge, bis wir alle voll und ganz ins

Licht aufgestiegen und frei sind! Geliebter ICH BIN! Geliebter ICH BIN! Geliebter ICH BIN!

I AM Michael, Michael, Michael

In the name of the beloved mighty victorious Presence of God, I AM in me, my very own beloved Holy Christ Self, Holy Christ Selves of all mankind, beloved Archangel Michael and Faith and their legions of blue-lightning angels, beloved Lanello, the entire Spirit of the Great White Brotherhood and the World Mother, elemental life – fire, air, water and earth! I decree:

I AM Michael, Michael, Michael!
I stand within his flame
I AM Michael, Michael, Michael!
By God's own I AM name
I AM Michael, Michael, Michael!
His faith ablazing here
I AM Michael, Michael, Michael!
His power and love so dear!

I AM Michael, Michael, Michael!
To light and love I bow

I AM Michael, Michael, Michael!
To defend the faith I vow
I AM Michael, Michael, Michael!
I enlist the light of men
I AM Michael, Michael, Michael!
America defend!

I AM Michael, Michael, Michael!
His shield of faith I wear
I AM Michael, Michael, Michael!
His circle and sword I bear
I AM Michael, Michael, Michael!
Enarmored by his love
I AM Michael, Michael, Michael!
Blue lightning from above!

I AM Michael, Michael, Michael!
Protected by his word
I AM Michael, Michael, Michael!
The captain of the Lord
I AM Michael, Michael, Michael!
His legions now descend
I AM Michael, Michael, Michael!
Each child of the light defend!

And in full Faith I consciously accept this manifest, manifest, manifest! (3x) right here and now with full Power, eternally sustained, all-powerfully active, ever expanding and world enfolding until all are wholly ascended in the Light and free! Beloved I AM! Beloved I AM! Beloved I AM!

Anmerkungen

1. Sophy Burnham, *"Angel Letters" ("Engelsbriefe")*, New York, Random House 1991, S. 128-136.
2. Mark L. Prophet und Elizabeth Clare Prophet, *The Masters and the Spiritual Path*, Corwin Springs, Montana, Summit University Press 2001, S. 254.
3. *Pearls of Wisdom*, Bd. 38, Nr. 21, S. 213.
4. Das Buch *Gefallene Engel und der Ursprung des Bösen: Das verbotene Buch Henoch und seine erstaunlichen Offenbarungen*, Ansata Verlag, 2008, behandelt dieses Thema ausgiebig.
5. *Pearls of Wisdom*, Bd. 39, Nr. 37, S. 203.
6. *Pearls of Wisdom*, Bd. 32, Nr. 36, S. 510 f.
7. Es empfiehlt sich, die Sätze, die in Sternchen (*) stehen, in der angegebenen Anzahl zu wiederholen.

8. *Pearls of Wisdom*, Bd. 25, Nr. 47, S. 453.
9. *Pearls of Wisdom*, Bd. 29, Nr. 51, S. 459.
10. *Pearls of Wisdom*, Bd. 30, Nr. 53, S. 469.
11. Die makellose Vision ist der reine Gedanke oder das reine Bild des Seelenpotenzials. Es ist die Vorstellung oder Visualisation der ursprünglichen feurigen Blaupause unserer Seele, wie sie nach dem Ebenbild des Göttlichen geschaffen wurde.
12. *Pearls of Wisdom*, Bd. 29, Nr. 55, S. 498.
13. *Pearls of Wisdom*, Bd. 36, Nr. 11, S. 132.
14. *Pearls of Wisdom*, Bd. 38, Nr. 24, S. 236 f.
15. *Pearls of Wisdom*, Bd. 35, Nr. 65, S. 731.
16. *Pearls of Wisdom*, Bd. 29, Nr. 4, S. 28.
17. *Pearls of Wisdom*, Bd. 29, Nr. 75, S. 652.
18. *Chela* ist ein Sanskritwort, das einen Schüler oder Anhänger eines spirituellen Lehrers bezeichnet.
19. Der Begriff "Große Weiße Bruderschaft" wird in spirituellen Kreisen häufig erwähnt. Dies ist die kollektive Bezeichnung für die aufgestiegenen und kosmischen Wesen, die zum höchsten Wohle der Menschheit wirken. Das Wort *weiß* bezieht sich dabei nicht auf eine Rasse, sondern auf das weiße Licht, das die Mitglieder dieser geistigen Bruderschaft durchdringt und umgibt.
20. *The Astrology of the Four Horsemen*, Corwin Springs, Montana, Summit University Press 1991, S. 53.
21. *The Astrology of the Four Horsemen*, S. 60 f.

22. *The Great White Brotherhood*, Corwin Springs, Montana, Summit University Press 1984, S. 63.

23. *Pearls of Wisdom*, Bd. 38, Nr. 13, S. 133.

24. *Pearls of Wisdom*, Bd. 36, Nr. 19, S. 250.

25. *Pearls of Wisdom*, Bd. 44, Nr. 10, S. 96.

144 Seiten, broschiert
ISBN 978-3-89845-147-5
€ [D] 6,95

Elizabeth Clare Prophet

Erzengel Michael

Erzengel Michael gilt seit jeher als der größte und meistverehrteste Engel in den jüdischen, christlichen und islamischen Schriften und Traditionen. Er ist der Engel der Natur, der den Menschen Nahrung und Wissen bringt. Er ist der »Engel des Herrn«, der Engel der Gegenwart Gottes. E. C. Prophet schlüsselt – basierend auf Bibeltexten wie auch auf Tatsachenberichten – die Bedeutung des Erzengels auf, die er gerade in der heutigen recht dunklen Zeit auf der Erde für uns hat. Er sagt uns: »Es gibt eine Welt des Lichts, die die Welt der Dunkelheit überlagert, und alles, was ihr tun müsst, ist, euch nach dem Licht auszustrecken ...«

Weitere Erzengel-Bücher von Elizabeth Clare Prophet, alle für € 6,95 :
Erzengel Gabriel · 978-3-89845-207-6
Erzengel Jophiel · 978-3-8945-313-4
Erzengel Uriel · 978-3-89845-227-4
Erzengel Zadkiel · 978-3-89845-274-8
Die Engel dir zur Seite · 89845-249-6
Seraphim – Die Engel d. Erfolges · 978-3-8945-264-9

128 Seiten, broschiert
ISBN 978-3-89845-049-2
€ [D] 6,95

Elizabeth Clare Prophet

Mit Engeln arbeiten

Dieses Buch bringt einem bei, wie man mit Engeln Freundschaft schließt, so dass diese bereit sind, uns ihre Hilfe zukommen zu lassen. Denn wir haben sie um ihre Hilfe zu bitten. Erst dann dürfen sie uns helfend zur Seite stehen. Hier werden die praktischen Schritte in einem Zehn-Punkte-Programm aufgezeigt, wie man sich mit ihnen in Verbindung setzt, sich weiterhin ihrer Hilfe vergewissert und in Zusammenarbeit mit ihnen viel Gutes für sich und andere bewirkt.
Dieses Büchlein ist nicht nur ein Ratgeber, sondern vor allem eine praktische Anleitung, seinem Leben mit Hilfe der Engel eine höhere Qualität zu geben.

Elizabeth Clare Prophet

Die kosmische Hierarchie

Dieses Einstiegsbuch zu den Weisheitslehren der Meister beschreibt die Existenz meisterlicher geistiger Wesen, die jenseits des Schleiers leben. Erfahren Sie mehr über die drei Reiche der kosmischen Hierarchie, den Kontakt zu kosmischen Wesen oder die Hierarchen der sieben Strahlen.
Vertiefen Sie sich in die verborgenen Dimensionen des Lebens, und lernen Sie von den Begegnungen mit den Meistern, wie auch Sie die göttlichen Eigenschaften des Willens, der Weisheit und der Liebe verkörpern können.

112 Seiten, broschiert
ISBN 978-3-89845-320-2
€ [D] 6,95

Elizabeth Clare Prophet & Mark L. Prophet

Botschaften aus dem Lichtreich

Elizabeth Clare und Mark L. Prophet zählen in vielen Ländern zu den meistgelesenen Autoren. Dass dies kein Zufall ist, demonstrieren sie eindrucksvoll in diesem Buch, geschrieben für alle, die mithilfe von praktischen Anleitungen eine neue Dimension des Seins erlangen wollen. Die Autoren behandeln zentrale Themen ihrer Lehre wie die Aufgestiegenen Meister, die dreifältige Flamme des Herzens oder die kreative Kraft des Klanges.
Worauf warten Sie noch? Ein Buch der kleinen Schlüssel zu großen Türen – eine wundervolle Begegnung mit außergewöhnlichen Wegbereitern für ein neues kosmisches Bewusstsein.

224 Seiten, Klappenbr.
ISBN 978-3-89845-304-2
€ [D] 16,90

368 Seiten, Klappenbr.
ISBN 978-3-89845-286-1
€ [D] 16,90

Elizabeth Clare Prophet
Patricia R. Spadaro & Murray L. Steinman

Saint Germain und die Prophezeiungen für das neue Jahrtausend

Was können wir für die bevorstehenden Umbruchsjahre 2012 und 2025 erwarten? Der Bestsellerautorin Elizabeth Clare Prophet geht es darum, die Zeichen der Zeit zu verstehen. Sie zeigt, dass es in der Hand jedes Einzelnen von uns liegt, welche Zukunft wir uns kreieren.

»Saint Germain und die Prophezeiungen für das neue Jahrtausend« zeigt uns, wie wir ein wahrhaft Goldenes Zeitalter erschaffen können, indem es den gängigsten Prophezeiungen für die kommende Zeit auf den Grund geht, die Essenz herausfiltert und den Leser in kraftvolle spirituelle Techniken einweiht, mit deren Hilfe er optimistisch in die Zukunft blicken kann.

192 Seiten, broschiert
ISBN 978-3-89845-287-8
€ [D] 6,95

Elizabeth Clare Prophet

Mit Elementarwesen arbeiten

Zum Wohle der Erde

In vergangenen Goldenen Zeitaltern arbeiteten die Naturgeister und die Menschen Hand in Hand, und die Erde glich einem Garten Eden ...
Doch dann kam eine Zeit, in der die Negativität des Menschen Eingang in die Welt fand und die Arbeit der Elementarwesen enorm erschwerte.
In diesem Buch werden Wege aufgezeigt, wie wir zurück zum »verlorenen Paradies« finden. Wir lernen, wieder im Einklang zu sein mit den Elementarwesen und sie in ihrer Arbeit zu unterstützen, um so erneut ein Goldenes Zeitalter für uns einzuläuten.